EXTREME BOOK

WIENS BESONDERHEITEN
UND REKORDE

WOLFGANG WIESER

BOHMANN

EINLEITUNG

Wien ist eine moderne, pulsierende Weltstadt sowie eine geschichtsträchtige und -verliebte Metropole in einem, aber auch grün wie kaum eine andere Großstadt und zugleich architektonisch verdichtet. Wien bietet eine einzigartige Melange aus vielem, was anderswo als unvereinbare Gegensätze gilt. Vielleicht ist das eines der Geheimnisse, warum Wien bei den internationalen Rankings regelmäßig zu den beliebtesten Städten der Welt gezählt wird.

Was Wien aber auch unvergleichlich macht, sind die Menschen, die hier lebten und leben - Menschen, die von der Stadt, von diesem besonderen kulturellen Biotop profitieren und ihrerseits der Stadt so viel zurückgeben.

Genau darum geht es in diesem Buch. Es geht um Hingabe. Es geht um Begeisterung. Es geht um Leidenschaft. Denn nur wer darüber verfügt, ist imstande, wirklich Großes zu schaffen. Denken wir an Sigmund Freud, den Begründer der Psychoanalyse. Oder an Helmut Lang, der mit seinen Kreationen die Modewelt nachhaltig beeinflusst hat. Oder an Gustav Klimt, dessen „Kuss" eine derart betörende Sinnlichkeit verströmt, dass das Bild heute zu den meistreproduzierten Kunstwerken überhaupt zählt. Wien ist die Heimat dieses Meisterstücks, ist die Stadt der Kaffeehäuser, der Theater, des Wissens - ist aber auch die Metropole mit der größten Eissalondichte, einem schier endlosen langen Strand und einem Konzert, das auf Tuvalu oder in Tansania genauso gerne gesehen wird wie in Griechenland oder Georgien. Ja, damit ist natürlich das Neujahrskonzert gemeint, das in knapp 100 Länder übertragen wird.

Tatsächlich ist Wien eine grandiose Stadt. Und Superlative sind hier leicht zu finden: Sie ist die City mit den aufregend emporragenden Wolkenkratzern, mit einem zum Niederknien schönen Schloss, mit einem Friedhof, auf dem sich Fuchs und Dachs „Gute Nacht" sagen (das tun sie übrigens auch mitten in der Stadt), und einem funkelnden, flirrenden Vergnügungspark, der reich an Tradition ist und doch das Gestern mit dem Heute auf das Wunderbarste verbindet.

Wien ist sicher die heiterste und die gscheiteste, die entspannteste und die wildeste Stadt - und mit jedem Jahr wird sie ein bisschen heißer, was jetzt wörtlich gemeint ist.

Ob es Superlative braucht, um diese Stadt zu beschreiben? Mit Sicherheit. Oder würden Sie vor Ihrer Angebeteten niederknien und sagen: „Du bist auch schön."? Natürlich nicht. Sie ist die Schönste. Sie ist einfach zauberhaft.

Viel Vergnügen bei der Lektüre wünscht

Wolfgang Wieser

INHALT

GRÖSSTE KLIMT-SAMMLUNG

Mit insgesamt 24 Werken besitzt das Belvedere die weltweit größte Sammlung von Werken Gustav Klimts. „Sie zeigt Klimts Entwicklung von den ersten Auseinandersetzungen mit dem Historismus über die Secessionskunst bis hin zu seinem Spätwerk", heißt es aus dem Belvedere.

www.belvedere.at

DAS SINNLICHSTE KUNSTWERK

So vielfältig und bunt wie die Welt – in Wien gibt es über 100 Museen und viele ihrer Sammlungen sind international einzigartig. Eine absolute Besonderheit unter Wiens Kunstwerken beherbergt das Belvedere, Heimat der größten existierenden Klimt-Sammlung: den Kuss, eines der berühmtesten Bilder der Kunstgeschichte.

Es ist quadratisch, 180 mal 180 Zentimeter groß, glänzt golden und ist von einer sinnlichen Ausstrahlung, die die Menschen ganz offensichtlich zutiefst berührt. Wohl auch deshalb ist das Bild „Der Kuss" ungeheuer populär und gilt als eines der meistreproduzierten Gemälde überhaupt. Gustav Klimt (1862–1918), einer der bekanntesten Vertreter des Wiener Jugendstils, begann es 1908 und vollendete es ein Jahr später. Zu sehen ist ein eng umschlungenes Paar, eine knieende Frau, die sich der Umarmung des Mannes hingibt. Ein Faszinosum: „Die Schönheit des Ornaments sowie die Kostbarkeit des Materials deuten das Besondere dieses innigen Moments an – eines Moments der Liebe, der ewig andauern soll", heißt es in der Experten-Interpretation.

GUSTAV KLIMT: DER KUSS

Das Standardwerk über das Meisterwek; herausgegeben von Agnes Husslein-Arco, Autoren: Stefanie Penck, Alfred Weidinger

Edition Belvedere, 128 Seiten, 14,80 Euro

DIE GRÖSSTEN SAMMLUNGEN

Schiele, Dürer & Co – die Wiener Museen beeindrucken nicht nur durch Einzigartigkeit, sondern auch durch ihre bewundernswerte Vielfalt. Ein Spaziergang durch eine Welt voller Schönheit.

LEOPOLD MUSEUM

Beherbergt die weltweit größte Sammlung von Werken Egon Schieles. Konkret handelt es sich um 41 Gemälde und 188 Arbeiten auf Papier. Egon Schiele galt, als er 1918 nur 28-jährig starb, als wichtigster österreichischer Künstler seiner Zeit, geriet danach aber beinahe in Vergessenheit. Bis Rudolf Leopold ihn zu Beginn der 1950er-Jahre wiederentdeckte und ihm zu neuem Ruhm verhalf.

KUNSTHISTORISCHES MUSEUM

2.200 faszinierende Objekte sind in der Kunstkammer Wiens, der weltweit bedeutendsten ihrer Art und „Wiege“ des Kunsthistorischen Museums, zu sehen. „Vom späten Mittelalter bis zur Barockzeit sammelten die Habsburger Kaiser und Fürsten hier exotische und rare Materialien“: edle Steine, Straußeneier, Haifischzähne – die hielt man damals übrigens noch für Drachenzungen. Zu den Höhepunkten zählt die „Saliera“ von Benvenuto Cellini (1500–1571).

ALBERTINA

900.000 Druckgrafiken und 50.000 Zeichnungen von der Spätgotik bis zur Gegenwart umfasst die Sammlung der Albertina. Den Grundstein dafür legte ein Schwiegersohn von Maria Theresia. Herzog Albert von Sachsen-Teschen begann 1770 mit dem systematischen Sammeln grafischer Blätter und Zeichnungen. Heute verfügt die Albertina über Arbeiten von Leonardo da Vinci, Michelangelo Buonarotti, Peter Paul Rubens und natürlich Albrecht Dürer, dessen „Hase“ die Sammlung „repräsentiert“.

TIPP

SHOPPEN MIT KULTUR

Leopold Museum: Halskette Gustav Klimt, 17 Euro, www.boulesse.com

Albertina: Die Gründung der Albertina. 100 Meisterwerke der Sammlung, 29 Euro (Deutsch), 32 Euro (Englisch), www.albertina.at

Kunsthistorisches Museum: Replik: Saliera-Salzstreuer, 120 Euro, shop.khm.at

mumok: Lilli kleckst. Ein Museumsbuch für Kinder über Klecksen und Kunst, 13,90 Euro, www.mumok.at

NATURHISTORISCHES MUSEUM

Mit rund 30 Millionen Exponaten zählt das 1889 eröffnete Haus zu den bedeutendsten Naturmuseen der Welt. Den Grundstein für diese Sammlung von heute unermesslichem Wert legte der Gemahl von Maria Theresia, Kaiser Franz I. Stephan von Lothringen. Er kaufte um 1750 die damals berühmteste Naturaliensammlung des Florentiner Gelehrten Johann Ritter von Baillou. Heute beherbergt das Naturhistorische Museum unter anderem die größte und älteste Meteoritensammlung der Welt. Einzigartig ist auch Österreichs bekanntestes Fundstück: Es ist nur elf Zentimeter groß, aber 25.000 Jahre alt: die Venus von Willendorf.

MUMOK

Das mumok (für: museum moderner kunst stiftung ludwig) ist eines der jüngsten Museen Wiens. Eröffnet wurde es 2001. Teile der Sammlung waren zuvor in anderen Häusern untergebracht. Heute umfasst das Museum mehr als 10.000 Exponate und ist das größte Museum im Zentrum Europas für Kunst seit der Moderne. Es besitzt auch eine weltweit einzigartige Sammlung zum Wiener Aktionismus, einer der radikalsten künstlerischen Bewegungen des 20. Jahrhunderts. Seine Vertreter, wie Günther Brus, Hermann Nitsch, Otto Mühl und Rudolf Schwarzkogler, suchten in ihren Arbeiten die direkte Konfrontation mit der Realität.

DAS DRITTE MANN MUSEUM

Einem einzigen Film widmet sich ein ganz besonderes Haus in Wien-Wieden. Das Dritte Mann Museum steht ganz im Zeichen des Filmklassikers mit Orson Welles aus dem Jahr 1948.

2.300 Originalexponate aus dem in Wien gedrehten Welterfolg „Der dritte Mann" sind in den 13 Räumen des Museums in der Pressgasse 25 zu sehen. Darunter befinden sich Stücke von Premieren und Wiederauflagen aus mehr als 20 Ländern. Außerdem gibt es Original-Drehbücher und Kameras, die für den vor allem nachts in Wien gedrehten SchwarzWeiß-Film eingesetzt wurden. Und natürlich ist auch die berühmte Zither von Anton Karas zu hören. Sein Harry-Lime-Theme, das wesentlich zum Erfolg dieses Films beitrug, machte den Heurigenmusiker weltberühmt und löste in den 1950er-Jahren einen regelrechten Zither-Boom aus. Übrigens: Im Museum gibt es rund 420 Cover-Versionen des Welthits aus Wien.

www.3mpc.net/samml.htm

USA 1956

Orson Welles

DIE UNGEWÖHNLICHSTEN MUSEEN

Mehr als 100 Museen gibt es in Wien. Das beeindruckend vielfältige Angebot reicht vom Alt-Wiener Schnapsmuseum über das Foltermuseum, das Schuhmuseum bis hin zum ZOOM Kindermuseum. Fünf ungewöhnliche und besonders interessante Museen werden hier vorgestellt.

NARRENTURM

Dass der Wiener eine besondere Nähe zum Tod hat, ist keine Frage. Kein Wunder also, dass sich die weltweit größte pathologisch-anatomische Sammlung (45.000 Objekte!) im Narrenturm in Wien-Alsergrund befindet.

www.narrenturm.at

MAK

Das MAK ist eines der bedeutendsten Museen seiner Art weltweit. Es steht für eine außergewöhnliche Verbindung von angewandter Kunst, Design, Architektur und Gegenwartskunst.

www.mak.at

21ER HAUS

Im Mittelpunkt der Arbeit des Hauses steht die österreichische Kunst des 20. und 21. Jahrhunderts und deren Bedeutung im internationalen Kontext.

www.21erhaus.at

BRENNPUNKT

Von kunstvoll gefertigten Öfen bis hin zu kuriosen Alltagsgeräten: Das „Museum der Heizkultur Wien" in Meidling zeigt das Thema Heizen in all seinen sozialen und kulturellen Schattierungen.

www.wien.at/kultur/museen/brennpunkt/museum.html

ZAUBERKASTEN MUSEUM

Was der geübte Magier braucht, packt er in den Zauberkasten. 3.000 davon beherbergt das gleichnamige Museum in Meidling: Eintrag im Guinnessbuch der Rekorde.

www.zauberkasten-museum.at

DER LÄNGSTE STRAND

21,1 Kilometer lang, bis zu 250 Meter breit: Die Donauinsel genießt den Ruf als beliebtestes Erholungsgebiet der Wiener. Einst spöttisch „Spaghettiinsel" genannt, bietet sie heute mediterranes Urlaubsflair.

Als Wien im Jahr 1969 die Donauregulierung beschloss, ging es um den Hochwasserschutz, nicht darum, ein Erholungsgebiet zu schaffen. Die Insel ist quasi ein „Nebenprodukt" im Kampf gegen immer wieder auftretende Überflutungen. Von Kritikern wurde sie als „Spaghettiinsel" verunglimpft. Allerdings nur, bis die landschaftsgestalterischen Planungen die Bauarbeiten (1972–1988) einholten. Dank der Empfehlungen einer internationalen Jury wurde sie zu jenem Freizeitparadies, das heute Millionen Menschen Erholung beschert und Strandfeeling inmitten der Großstadt vermittelt.

TIPP

INTERNET FÜR ALLE

Die Donauinsel ist eine von vielen Regionen in Wien, wo man gratis im Internet surfen kann. Diesen Service bieten Access Points des wien.at Public WLAN. Nach Anmeldung erhält man unter anderem Infos zur aktuellen Location und zum Wetter, auf der Donauinsel speziell etwa auch die Wassertemperatur und die Standorte von Trinkbrunnen, WCs, Schwimmpontons und Erste-Hilfe-Stationen.

www.wien.at/ikt/egov/wlan

COMEBACK DER COPA CAGRANA

Mit zwei neuen Lokalen, dem griechischen „Rembetiko" und dem mexikanischen „Mar y Sol", hat die Copa Cagrana – eine Wortverbindung des brasilianischen Traumstrands Copacabana und dem Wiener Stadtteil Kagran – ein glanzvolles Comeback geschafft. Dazu trägt auch der neu geschaffene CopaBeach mit Sand, Holzdecks, Liegestühlen und Sonnenschirmen bei.

DIE GRÖSSTE PARTY

Mehr als drei Millionen Menschen besuchen jedes Jahr das Donauinselfest. Damit ist es das größte Freiluft-Festival der Welt und begeistert mit Partyfeeling und Gänsehaut-Auftritten großer Stars.

Falco triumphierte hier im Jahr 1993 vor 150.000 Menschen – ein bis heute unvergesslicher Abend. Auch weil ein heftiger Gewittersturm über die Köpfe der Konzertbesucher fegte, der sogar dazu führte, dass beim Song „Nachtflug“ ein Blitz die Soundanlage außer Gefecht setzte. Was Falco mit einem lässigen Schmunzeln zur Kenntnis nahm. Ein Jahr zuvor hatte Udo Jürgens vor 220.000 Zuschauern gespielt, 2007 trat Rainhard Fendrich „statt und für“ den zwei Tage zuvor verstorbenen Georg Danzer auf – vor 200.000 Besuchern. Doch das Donauinselfest bietet nicht nur auf den Bühnen Superlative mit insgesamt 600 Stunden Programm. Hinter den Kulissen tragen 1.500 Freiwillige zum Gelingen des Megaevents bei und rund 150 Mitarbeiter der Stadtreinigung sorgen in Windeseile für eine – wieder – saubere Insel.

Legendärer Auftritt: Falco (oben) beim Donauinselfest im Jahr 1993 und Adel Tawil (links)

TIPP

VOM MEGAEVENT BIS ZUM GRÄTZELFEST

Wer sich im riesigen Programm einer Großstadt orientieren will, findet in der Veranstaltungsdatenbank der Stadt Wien den richtigen Wegweiser. Egal ob Konzert, Ausstellung, Messe oder Vortrag: Die wichtigsten Infos machen das Planen ganz leicht. Darüber hinaus kann man einen Newsletter abonnieren, mit dem man Terminhinweise per E-Mail erhält.

www.wien.at/vadb/internet

Begeisterten und waren begeistert: Christina Stürmer (oben), die beiden Austropop-Größen Rainhard Fendrich und Wolfgang Ambros (links)

SPIELOASE FÜR WASSERRATTEN

Ein Windrad ist sein Wahrzeichen, auf einem Hügel entspringt ein Bach, der über einen Wasserfall in einen Teich stürzt, über den eine 15 Meter lange Hängebrücke gespannt ist. Der Wasserspielplatz ist mit 5.000 Quadratmetern ein Paradies für kleine Wasserratten. Hier können sie nach Herzenslust herumtoben, Bäche umleiten und im Matsch planschen.

ERSTE WILDWASSERSTRECKE

Zwölf Kubikmeter Wasser in der Sekunde werden mit drei Pumpen über die erste künstliche, insgesamt 250 Meter lange Wildwasserstrecke Österreichs gepumpt. Ab zwölf Jahren darf die Strecke mit Kajaks, Rafts und Tubes befahren werden, auch Wildwasserschwimmen ist erlaubt. Die Strecke ist übrigens so perfekt ausgestattet, dass hier 2015 die Kanu Wildwasser Sprint-WM stattgefunden hat.

KLETTERGARTEN FÜR ABENTEUERLUSTIGE

Wer sich gerne in luftige Höhen wagt, ist im Klettergarten auf der Donauinsel genau richtig. Die spektakuläre Anlage gilt als einer der sichersten Kletterparks Österreichs.

DAS KOMPLETTESTE SOMMERPARADIES

RUDERN

Im Ruderzentrum Neue Donau stehen acht Bahnen mit einer Breite von je 13,5 Metern zur Verfügung. Für Kanufahrer gibt es neun Bahnen. Errichtet wurde es anlässlich der Ruder- und Kanu-Weltmeisterschaften 1991.

RADELN & SKATEN

Ob per Fahrrad, Inlineskates oder ganz einfach zu Fuß: Sport- und Bewegungsbegeisterte können die Donauinsel auf viele Arten erkunden.

BEACHVOLLEYBALL

Zwischen Floridsdorfer Brücke und Brigittenauer Brücke befindet sich einer der ersten Beachvolleyballplätze Österreichs – ein Center-Court mit Erdwällen als Naturtribüne wird durch zwei weitere Plätze ergänzt.

SURFEN

Insider schwärmen davon, dass der Südostwind im Sommer hier meist stärker ist als am Neusiedler See. Kein Wunder, dass die Donauinsel (beim Parkplatz Neue Donau Mitte) als bester Surfspot der Stadt gilt.

STREET WORK-OUT

Neue Sportart, die international immer beliebter wird. Ein 150 Quadratmeter großes Areal macht Muskeltraining unter freiem Himmel möglich.

DER HÖCHSTE WOLKENKRATZER

250 Meter ragt der DC Tower an der Donau in den Himmel Wiens. Der schwarz funkelnde Turm mit dem charakteristischen Knick ist damit das höchste Gebäude Wiens – und Österreichs.

Unvorstellbare 110.000 Kubikmeter Beton und 20.000 Tonnen Stahl wurden benötigt, um die 60 Stockwerke des DC Towers zu errichten. 120 Entwürfe wurden vorgelegt, bis die endgültige Entscheidung getroffen wurde. Architekt Dominique Perrault, der mit seinen Arbeiten wie dem Europäischen Gerichtshof in Luxemburg, der Nationalbibliothek in Paris und der Universität Seoul zu den renommiertesten Architekten weltweit zählt, über den DC Tower: „So ein Turm ist mehr als nur ein Gebäude. Er ist ein Investment in die Zukunft der Stadt." Die besondere Form des höchsten Gebäudes Wiens beruht auf der Idee eines auseinandergebrochenen Monolithen. Dieser zerklüftete Stein wird durch die wellenartige Struktur an der Südostseite erkennbar. Aber erst mit seinem kleineren Bruder, dem DC Tower 2, der 168 Meter hoch werden soll, erhält er das perfekte Gegenstück. Der Zeitpunkt seiner Errichtung ist aber noch offen. Gemeinsam sollen die beiden Türme ein Stadttor bilden.
Architekt Perrault: „Bei der Planung ging es nicht vordergründig darum, neue Höhenrekorde aufzustellen, sondern ein bestens konzipiertes Gebäude zu schaffen, das durch sein anspruchsvolles Design und die hohe Objektqualität überzeugt." Das Investitionsvolumen auch: insgesamt 300 Millionen Euro.

GRÜNER HÖHEPUNKT

Der DC Tower 1 kombiniert architektonische Ästhetik mit moderner grüner Bauweise. Er wurde als einer der ersten österreichischen Bürotürme nach den Energie- und Nachhaltigkeitserfordernissen für ein „Green Building" der EU-Kommission errichtet und ausgestattet. Konkret bedeutet das unter anderem, dass eine nachhaltige Standortqualität mit guter Anbindung an öffentliche Verkehrsmittel gegeben ist und dass Energie- und Trinkwasserverbrauch so gering wie möglich sind.

DIE ZEHN HÖCHSTEN TÜRME

Die Skyline der Stadt hat sich seit dem Ende der 1990er-Jahre deutlich verändert. Ständiger Nachwuchs beschert der Familie der Wolkenkratzer eine bereits beachtliche Größe.

250 – 225 – 200 – 175 – 150 – 125 – 100 – 75 – 50 – 25 – 0 Meter

DC TOWER 1

250 Meter
Bau: 2010–2014

MILLENNIUM TOWER

202 Meter
Bau: 1997–1999

IZD TOWER

162 Meter
Bau: 1998–2001

HOCHHAUS NEUE DONAU

150 Meter
Bau: 1999–2002

VIENNA TWIN TOWER 1 + 2

138 + 127 Meter
Bau: 1999–2001

250 Meter hoch*, neues, unübersehbares Wahrzeichen der Stadt. Sein kleiner Bruder, der DC Tower 2, ist mit 168 Metern geplant.

Mit 202 Metern bis zur Errichtung des DC Towers 1 das höchste Gebäude Wiens. Zwei miteinander verschränkte, vollständig verglaste Zylinder beeindrucken am Handelskai.

IZD steht für Internationales Zentrum Donauturm. 162 Meter hoch. Der Tower ist einer der begehrtesten Bürostandorte der Stadt. Im obersten Stock ist die US-Vertretung bei den Vereinten Nationen einquartiert.

150 Meter hoch, von Architekt Harry Seidler geplant. Unübersehbar: die Betonskulptur auf dem Dach und die vorgehängte Kassettenfassade aus Aluminium.

138 Meter beziehungsweise 127 Meter hoch. Die beiden Gebäude sind über mehrere Brücken miteinander verbunden.

* Bei den Angaben handelt es sich um Gesamthöhen, inklusive Aufbauten, Skulpturen oder Ähnliches.

Ein historisches Gebäude, der Stephansdom, dessen Südturm 136,4 Meter himmelwärts zeigt, hätte Chancen auf eine Platzierung in der Wolkenkratzer-Liste. Zwischen Vienna Twin Tower 1 (138 Meter) und Twin Tower 2 (127 Meter) nähme er eine durchaus beeindruckende Position ein. Dies ist aber eine Liste der profanen, wenn auch absolut ungewöhnlichen Bauten.

VIENNA INTERNATIONAL CENTER

127 Meter

Bau: 1973–1979

FLORIDO TOWER

113 Meter

Bau: 1999–2001

MISCHEK TOWER

110 Meter

Bau: 1998–2000

DELUGAN-MEISSL TOWER

108 Meter

Bau: 2003–2005

ANDROMEDA TOWER

103,5 Meter

Bau: 1996–1998

Als UNO-City bekannt, war das sogenannte A-Gebäude des großen Komplexes mit einer Höhe von 127 Metern lange Zeit der höchste Bau Wiens.

113 Meter hoch, besonders auffällige „Verkleidung“, eine doppelschalige, energiesparende Klimafassade.

Weltrekordverdächtig: Weil er aus Betonfertigteilen errichtet wurde, gilt der 110 Meter hohe Mischek Tower als das höchste Fertigteilhaus der Welt.

108 Meter hoch, benannt nach dem Architektenbüro. Mit einer Nutzfläche von 23.000 Quadratmetern einer der größten Wohnkomplexe der Stadt.

Wurde nach Plänen des Architekten Wilhelm Holzbauer als erstes Gebäude des neuen Stadtteils Donau City errichtet.

DIE BESTE AUSSICHT

Keiner der Wolkenkratzer konnte ihn bisher übertrumpfen: Der Donauturm, 1962–1964 errichtet, ist mit seinen 252 Metern noch immer das höchste Bauwerk Österreichs, zwei Meter höher als der DC Tower.

Errichtet wurde der Donauturm anlässlich der Wiener Internationalen Gartenschau. Der Turm gilt heute als eines der Wiener Wahrzeichen, als perfekter Werbeträger und beliebtes Ausflugsziel. Wagemutige nutzen ihn als Bungee-Jumping-Plattform. Die meisten Besucher stärken sich aber lieber im Restaurant und genießen den Wien-Blick aus einer Höhe von 170 Metern. Bis zu seiner Demontage im Jahr 2010 gab es allerdings noch ein Bauwerk, das höher war als der Donauturm: Der Sendemast am Bisamberg ragte 265 Meter in die Höhe.

DAS DONAUTURM-BUCH

Fakten und interessante Geschichten rund um das unübersehbare Bauwerk

124 Seiten, 14,90 Euro
Erhältlich im Webshop unter
www.donauturm.at

WEITERE SPITZENREITER:

Sendemast Kahlenberg, **165 Meter**

Funkturm Arsenal, **155 Meter**

Kamin Dampfkraftwerk Donaustadt, **150 Meter**

Kamin Kraftwerk Spittelau, **135 Meter**

Kamin Kraftwerk Simmering Si4, **121 Meter**

Kamin Kraftwerk Simmering Si5, **120 Meter**

Praterturm, **117 Meter**

WOLKENKRATZER RATHAUS

Mit einer Höhe von 103,4 Metern, inklusive des Rathausmannes, war das Wiener Rathaus ein Vorläufer der heutigen Wolkenkratzer. Damals gelang es Architekt Friedrich Schmidt sogar, Kaiser Franz Joseph auszutricksen. Denn der Monarch hatte verfügt, dass kein profanes Gebäude höher sein dürfe als die nahe gelegene Votivkirche.
Laut dem Plan war das Rathaus mit 98 Metern auch um einen Meter niedriger als der Sakralbau. Doch mithilfe des 5,4 Meter hohen Rathausmannes schaffte Schmidt einen ganz besonderen Triumph.

TIPP

ENTDECKUNGSREISE

Einen Blick hinter die Kulissen des politischen Zentrums der Stadt Wien bieten die kostenlosen Rathausführungen. Darüber hinaus kann man sich auch im Internet auf eine Tour durch das prächtige Gebäude begeben.

www.wien.at/verwaltung/rathaus/fuehrung

DER HÖCHSTE WOLKENKRATZER

DAS PRÄCHTIGSTE

Das Schloss Schönbrunn – ein einzigartiges barockes Gesamtkunstwerk, seit 1996 UNESCO-Weltkulturerbe und Österreichs beliebteste Sehenswürdigkeit. Schloss und Park werden jedes Jahr von rund neun Millionen Menschen besucht.

„Welch' schöner Brunn'", rief Kaiser Matthias (1557–1619), als er hier während der Jagd einen artesischen Brunnen entdeckte. Er wurde so zum Taufpaten des 1,5 Quadratkilometer großen Anwesens, das seit 1569 im Besitz der Habsburger war. Als die Residenz während der zweiten Wiener Türkenbelagerung 1683 schwer beschädigt wurde, gab Leopold I. bei Johann Bernhard Fischer von Erlach (1656–1723) ein Jagdschloss in Auftrag. Unter Kaiserin Maria Theresia wurden Schloss und Park in seiner heute noch bestehenden Form um- und ausgebaut. Das Schloss wurde zum Mittelpunkt des höfischen und politischen Lebens, erlebte seine glanzvollste Epoche. Bis heute ist die barocke Ausstattung aus jener Zeit erhalten. Und sie ist ungeheuer beeindruckend. 1.441 Zimmer gibt es hier. 40 davon können besichtigt werden. Auch die aus dem 19. Jahrhundert stammenden Wohnräume von Kaiser Franz Joseph und seiner Gemahlin Elisabeth.

SCHLOSS

TIPP

WOHNEN WIE EIN KAISER

Die Suite ist 167 Quadratmeter groß, verfügt über zwei Schlafzimmer, zwei Bäder, einen Salon, ein Wohnzimmer und eine Kitchenette. Gäste können hier wie ein Kaiser dinieren und sich wie eine Prinzessin betten. Der einzigartige Service wird durch einen einzigartigen Ausblick komplettiert: Von der Suite aus eröffnet sich ein Panorama mit Gloriette, Neptunbrunnen, Kronprinzengarten und dem 160 Hektar großen Schlosspark.

www.thesuite.at

DER PRUNKVOLLSTE PARK

Seit der Schlosspark von Schönbrunn um 1779 für die Bevölkerung geöffnet wurde, ist er beliebtes Erholungsgebiet für die Wiener und die Gäste aus aller Welt.

Es sind Gartenkünstler wie Louis Gervais, Jean Nicolas Jadot oder Adrian van Stekhoven, die im Auftrag von Kaiserin Maria Theresia einen Park schufen, dessen präzise Gestaltung, faszinierende Vielfalt und unendliche Schönheit auch Jahrhunderte später noch staunen lassen. Hier gibt es akkurat geschnittene Hecken, Alleen mit bis zu zwölf Meter hohen Bäumen, die Spalier stehen oder sich zu einem mit Blicken nahezu undurchcringlichen Blättertunnel wölben.

In der Nähe des Taubenhauses steht eine mächtige doppelstämmige Eiche (Stammumfang 7,11 Meter), die als ältester Baum Schönbrunns gilt und als junger Spross vermutlich schon die Türkenbelagerung 1683 erlebte. Und in der Orangerie befindet sich ein ganz besonderes Bäumchen: „Ein historisches Pflanzenjuwel, das von den Gärtnern mit viel Liebe gepflegt wird", sagt Direktorin Brigitte Mang. Es ist eine Myrte, die Kaiserin Maria Theresia zu ihrer Vermählung mit Franz Stephan am 12. Februar 1736 vom osmanischen Sultan Mahmud I. geschenkt bekam.

SCHÖNBRUNN

In dem 320 Seiten starken, reich bebilderten Band werden nicht nur Bau und Ausstattung des Schlosses sowie der Park detailliert beschrieben. Der Führer von Elfriede Iby und Alexander Koller führt durch eine imperiale Anlage, „die sich im Laufe der Zeit durch vielerlei Superlative auszeichnen sollte".

Verlag Brandstätter, 320 Seiten, 19,90 Euro

SCHLOSS HETZENDORF

Barockschloss, das heute Sitz der Modeschule Hetzendorf ist. Verfügt unter anderem über einen bemerkenswerten Festsaal mit wunderschönen Fresken.

TIPP

EINMAL PRINZESSIN, EINMAL PRINZ

Diese Vorstellung klingt für Kinder geradezu märchenhaft. Doch wie haben die höfischen Sprösslinge wirklich gelebt? Antwort darauf gibt eine ganz besondere Führung durch das Schloss Schönbrunn. Und wer's ganz genau wissen will, kann sogar Quadrilletanzen lernen. Unterrichtet wird übrigens im ehemaligen Appartement von Kaiserin Maria Theresia, eine entsprechende Kostümierung gehört ebenfalls dazu.

www.kaiserkinder.at/kindermuseum

DIE SCHÖNSTEN SCHLÖSSER

Neben dem imposanten Schloss Schönbrunn gibt es in Wien noch eine Vielzahl weiterer Schlösser. Hier einige Tipps für Ausflüge zu Wiens Pracht.

SCHLOSS BELVEDERE

Zwischen 1714 und 1723 erbaute Anlage; eine Gartenanlage verbindet das barocke Ensemble. Heute beherbergen die beiden Bauten die Sammlungen des Belvedere. Am 15. Mai 1955 wurde im Oberen Belvedere der Österreichische Staatsvertrag unterzeichnet.

HOFBURG

Baubeginn war vermutlich bereits im 13. Jahrhundert noch unter den Babenbergern. In den nächsten sieben Jahrhunderten weiter gewachsener Gebäudekomplex. Seit 1945 Amtssitz des österreichischen Bundespräsidenten. Hier sind auch Nationalbibliothek, Museen und das Bundesdenkmalamt untergebracht.

GEYMÜLLERSCHLÖSSEL

Benannt nach dem Erbauer Johann Jakob Geymüller (1760–1834), heute Außenstelle des Museums für angewandte Kunst, wo auch eine umfangreiche Uhrensammlung gezeigt wird.

SCHLOSS NEUWALDEGG

1697 von Johann Bernhard Fischer von Erlach für den Grafen Theodor von Strattmann errichtet, heute im Besitz einer Privatstiftung, seit 2010 Standort des Franz Schubert Konservatoriums.

TIPP

HEIRATEN IM SCHLOSS

Im 18. Jahrhundert wurden im sogenannten Apothekertrakt rare Zitrusbäumchen kultiviert. Heute kann hier, im „Raum Maria Theresia“ und in seinen Nebenräumen, geheiratet und gefeiert werden. Festräume und Foyer öffnen sich auf die Terrasse im Orangeriegarten – „eine grüne Oase mit Weinreben, Rosen und Palmen, abgeschirmt vom städtischen Trubel“.

www.schoenbrunnmeetings.com/hochzeiten

SCHLOSS ALTMANNSDORF

Ehemaliges Landhaus im Zentrum von Altmannsdorf. Beherbergt heute unter anderem das Renner-Institut.

MILLER-VON-AICHHOLZ-SCHLÖSSEL

Diente viele Jahre als Treffpunkt für private Jagdgesellschaften, auch für Kaiser Franz Joseph. Seit 1962 wird das Schloss als „Europahaus Wien“ verwendet.

SCHLOSS NEUGEBÄUDE

Das Renaissance-Schloss in Simmering wurde zu neuem Leben erweckt: mit Sommerkino, Konzerten, Oster- und Adventmarkt etc. Einblicke bieten die kunsthistorischen Rundgänge.

HERMESVILLA

Schloss im Lainzer Tiergarten. Kaiser Franz Joseph schenkte es seiner Frau Elisabeth als „Schloss der Träume“. Es wird heute für Ausstellungen des Wien Museums genutzt.

SCHLOSS WILHELMINENBERG

Befindet sich inmitten einer 120.000 Quadratmeter großen Parkanlage, 1903 abgerissen und wieder aufgebaut, heute ein Hotel.

JEDER BÜRGER EIN FORSCHER

Das Projekt StadtWildTiere arbeitet mit den Methoden von Citizen Science (zu Deutsch Bürgerwissenschaften). Dies bezeichnet eine Form der Wissenschaft, bei der Bürgern die Möglichkeit geboten wird, aktiv an der Wissenschaft teilzuhaben. Sie helfen unter anderem beim Zählen der Tiere. Im Gegenzug ermöglichen sie den Projekten eine breite und umfangreiche Datenerhebung.

www.citizen-science.at

DIE TIERISCHSTE GROSSSTADT

Wo sagen sich Fuchs und Igel, Dachs und Reh gute Nacht? Längst nicht mehr nur im Dickicht des Wienerwaldes. Immer öfter werden Wildtiere mitten in der Stadt beobachtet.

Ein Igel im Stadtpark, ein Dachs in der Liechtensteinstraße, ein Fuchs am Franz-Josefs-Kai, ein Biber am Wienerberg. Wildtiere erobern langsam, aber sicher unsere Städte. Und sie beschränken sich dabei keineswegs auf die Randbezirke. Aktuelle Beobachtungen zeigen, dass sie sich immer häufiger bis in die Innenstadt vorwagen. Experten gehen mittlerweile davon aus, dass in Städten wie Wien, Frankfurt oder Zürich einige Tausend Tierarten leben. Besonders Füchse scheinen sich in der City wohlzufühlen. Aber auch Marder, Iltis und Waschbär zählen zu den Wien-Besuchern – ebenso wie Reh, Hirsch oder Wildschwein. Auch Kaninchen, Igel und Fledermaus wurden mehrfach gesichtet.

TIPP

TIERISCHES STADTLEBEN

Rund 600 Arten zeigt das Buch „Stadtfauna“. Diese konnten in den vergangenen Jahren in mitteleuropäischen Städten beobachtet werden. Das Buch versteht sich als kompaktes Nachschlagewerk mit präzisen Artenbeschreibungen ergänzt mit Fotos, Infos zu Lebensraum, Gefährdung und allem Wissenswerten.

Haupt Verlag, 434 Seiten, 14,99 Euro

DIE FREUNDLICHSTE JAGD

Wissenschafter machen Jagd auf Wildtiere und setzen dabei auf die Unterstützung der Bevölkerung. So sollen Daten gesammelt werden, um die Wildtiere im Siedlungsraum zu fördern.

Der Dachs liegt auf dem Rücken, streckt die Hinterbeine von sich und scheint sich rundum wohlzufühlen. Offenbar nimmt er ein spätes Abendessen oder ein sehr zeitiges Frühstück zu sich. Noch ist es dunkel, die meisten Wiener schlafen noch. Doch Meister Grimbart ist nur eines von vielen Wildtieren, das in der Stadt ertappt wurde.

Wildbiologen richteten mittlerweile eine eigene Internetseite ein, auf der Beobachtungen gemeldet und Bilder von Wildtieren, die in Wien gesichtet wurden, hochgeladen werden können. Ziel ist, ein möglichst vollständiges Bild zu Vorkommen und Verbreitung von Wildtieren in Wien zu erhalten: „Aufgrund der gesammelten und analysierten Daten haben wir eine Grundlage, um die Wildtiere im Siedlungsraum gezielt zu fördern", halten die Experten fest. Zu sehen gibt es übrigens auch einen nervösen Feldhasen, ein Reh zwischen Grabsteinen, einen Biber in der Donau, einen Fuchs auf einer mit Gänseblümchen übersäten Wiese. Der Dachs mag ein Einzelgänger sein, ein Einzelfall ist er bestimmt nicht.

www.stadtwildtiere.at

TIPP

TIERWELT ZUM NACHLESEN

Längst wurde erkannt, dass die typische Gstett'n etwas Wertvolles ist, unter anderem ein Lebensraum für Wildtiere. Den Wiener Gstett'nführer, einen informativen Folder zum Thema, gibt es von der Wiener Umweltanwaltschaft. Die Wiener Umweltschutzabteilung legte einen sehr detaillierten Folder zum Thema „Wohnservice für Wildtiere" auf.

Gratisbestellungen: post@wua.wien.gv.at

Anmerkung: Die Punkte auf der Wien-Karte zeigen, wo welche Wildtiere gesichtet wurden.

DIE URBANSTEN FÖRSTER

Sie sorgen für die Erhaltung der Wälder und den Schutz des Trinkwassers. Wiens Förster verwalten eine der größten Landwirtschaften Österreichs und arbeiten eng mit der Bioforschung zusammen. Klar, dass sie auch die Umweltbildung forcieren.

Eine Großstadt hat Förster? Ja, und nicht wenige: Rund 300 Mitarbeiter zählt das Forstamt der Stadt Wien, dazu kommen im Sommer rund 100 Saisonarbeiter. Ihre Aufgaben sind von großer Vielfalt und enormer Verantwortung gekennzeichnet. Sie bewirtschaften rund 8.600 Hektar Stadtwald, dazu weitere 33.000 im Bereich der Quellschutzwälder. Und auch die Zahl der Besucher, die sie bei Führungen und Exkursionen betreuen, ist erstaunlich: Rund 20.000 sind es jährlich.

DIE FRISCHESTEN QUELLEN

Wald und Wiesen, Almen und Gewässer – ein riesiges Gebiet bewirtschaftet das Forstamt im Rax- und Schneeberggebiet sowie im Hochschwabmassiv. Grund dafür ist die Versorgung der Wiener mit dem berühmten Hochquellwasser, das über eine einzigartige Qualität verfügt. Das Forstamt achtet deshalb unter anderem darauf, dass Boden und Wälder stets im optimalen Zustand sind. Erlaubt ist nur eine besonders naturnahe Nutzung.

TIPP

DIE BESTE BILDUNG

Mit dem Forstamt verfügt die Stadt Wien über eine der größten Umweltbildungseinrichtungen Österreichs. Führungen und Exkursionen sollen Kindern und Erwachsenen die Wichtigkeit eines sorgsamen Umgangs mit der Natur verdeutlichen. In der Waldschule Ottakring, übrigens das erste waldpädagogische Zentrum Österreichs, erforschen Schüler mit einem Förster die Geheimnisse des Ottakringer Waldes.

www.wien.at/umwelt/wald/veranstaltungen

DAS STÄDTISCHSTE WEINGUT

Die Stadt Wien ist nicht nur für Weinbau generell bekannt, sondern keltert auch selbst den edlen Rebensaft im stadteigenen Weingut Cobenzl, einem Teil des Wiener Forstamts.

Es ist das ganz besondere Mikroklima, das in Grinzing und an den Hängen von Nussberg und Bisamberg ideale Bedingungen für fein-fruchtige, mineralische Weine schafft. Deren Qualität wird regelmäßig mit Auszeichnungen geehrt. 60 Hektar sind es insgesamt, die die stadteigenen Rieden im 19. und 21. Bezirk ausmachen. Aber es wird nicht nur Wein gekeltert. Aufgabe des Guts ist auch, neue Gärten auszupflanzen, Streuobstwiesen und Brachflächen anzulegen.

Führungen und Ab-Hof-Verkauf: www.weingutcobenzl.at

DER WIENER KREIS WIRKT BIS HEUTE

Heute würde man den Wiener Kreis als international einflussreichen Think Tank der Forschung bezeichnen. Als enorm einflussreich. Tatsächlich wirken die Erkenntnisse der außergewöhnlichen Denker bis heute nach. Untersuchungen des Wiener Kreises bildeten jene Basis, auf die sich spätere Wissenschafter bei der Entwicklung von Algorithmen, Computerprogrammen und Piktogrammen bezogen, die längst unser aller Leben bestimmen. Der Wiener Kreis wurde in den 1920er-Jahren vom Philosophen Moritz Schlick, dem Sozialreformer Otto Neurath und dem Mathematiker Hans Hahn gegründet. Öffentlich zu wirken begann er im Jahr 1924. Die Treffen endeten mit Schlicks Ermordung 1936. Der Philosoph wurde von einem seiner ehemaligen Studenten auf der Philosophenstiege der Universität Wien erschossen.

DIE ÄLTESTE UNIVERSITÄT

Seit 650 Jahren existiert die Universität Wien. Damit ist sie die älteste Universität im deutschen Sprachraum. Doch erst das Abendländische Schisma, die fast vier Jahrzehnte dauernde Kirchenspaltung von 1378 bis 1417, bescherte der Alma Mater Rudolphina den ersehnten Aufschwung.

Es war Herzog Rudolf IV. im Frühjahr 1365: Mit zwei monumentalen Stiftungsurkunden, einer in Latein und einer in Deutsch, wurde der Weg frei zur Einrichtung einer Universität in Wien. Im Jahr 2015 feierte sie ihr 650-jähriges Bestehen. Doch der Start verlief geradezu desaströs: Rudolf IV. starb wenige Monate später, der Lehrbetrieb dümpelte vor sich hin, eine finanzielle Basis fehlte – ohne die finanzielle Unterstützung der Stadt Wien hätte die Universität nicht überlebt. Erst eine massive Krise der katholischen Kirche brachte den Aufschwung. Das Abendländische Schisma erschütterte die spätmittelalterliche Gesellschaftsordnung und zwang zahlreiche Universitätslehrer und Studierende, sich neu zu orientieren und neue Wirkungsmöglichkeiten beziehungsweise Studienorte zu suchen.

Schließlich genehmigte der römische Papst Urban VI. auch noch die fehlende Theologische Fakultät. Herzog Albrecht III. stattete mehrere Professoren mit großzügigem Salär aus und gründete ein Magisterkolleg nach dem Muster der Pariser Sorbonne, das künftig gleichsam das Fundament und finanzielle Rückgrat für die Wiener Universität bilden sollte. Heute werden an der Alma Mater an die 100.000 Studierende ausgebildet, aber auch über die Hauptuniversität hinaus gilt Wien als eine Stadt mit vielen bedeutenden Bildungsstätten.

DIE BEDEUTENDSTE WISSENSSTADT

Wien ist nicht nur die älteste Universitätsstadt, Wien ist bis heute auch die größte Universitätsstadt im deutschsprachigen Raum. Rund 190.000 Studierende besuchen eine der neun Universitäten, eine Fachhochschule oder eine der Privatuniversitäten.

Die Zahl der Studierenden stieg in den letzten Jahren rasant. Waren es zur Jahrtausendwende „nur" rund 130.000, so entschieden sich zuletzt bereits mehr als 170.000 für eine der öffentlichen Wiener Universitäten. Besonders auffällig ist, dass sich der Anteil der ausländischen Studierenden im selben Zeitraum nahezu verdreifachte. Ein Drittel davon kommt übrigens aus Deutschland. Historisch interessant: Seit der Jahrtausendwende studieren erstmals mehr Frauen als Männer in der Bundeshauptstadt.

3.000.000.000 EURO

beträgt die Wertschöpfung der Wiener Universitäten. Die Alma Mater erwirtschaftet davon einen Gesamterlös von 533 Millionen Euro. Die universitären Einrichtungen stellen damit einen gewichtigen Wirtschaftsfaktor dar.

9.700

Studienabschlüsse wurden zuletzt gezählt.

TIPP

STUDIEREN IN WIEN AUF EINEN BLICK

Wer sich über das große Angebot der Wiener Universitäten und Fachhochschulen einen schnellen Überblick verschaffen will, findet im Internet alle Informationen in gebündelter Form. Auch eine Ausbildungseinrichtung der Stadt Wien sowie Post-Graduate-Angebote finden sich in der Auflistung.

www.wien.at/bildung/hochschulen

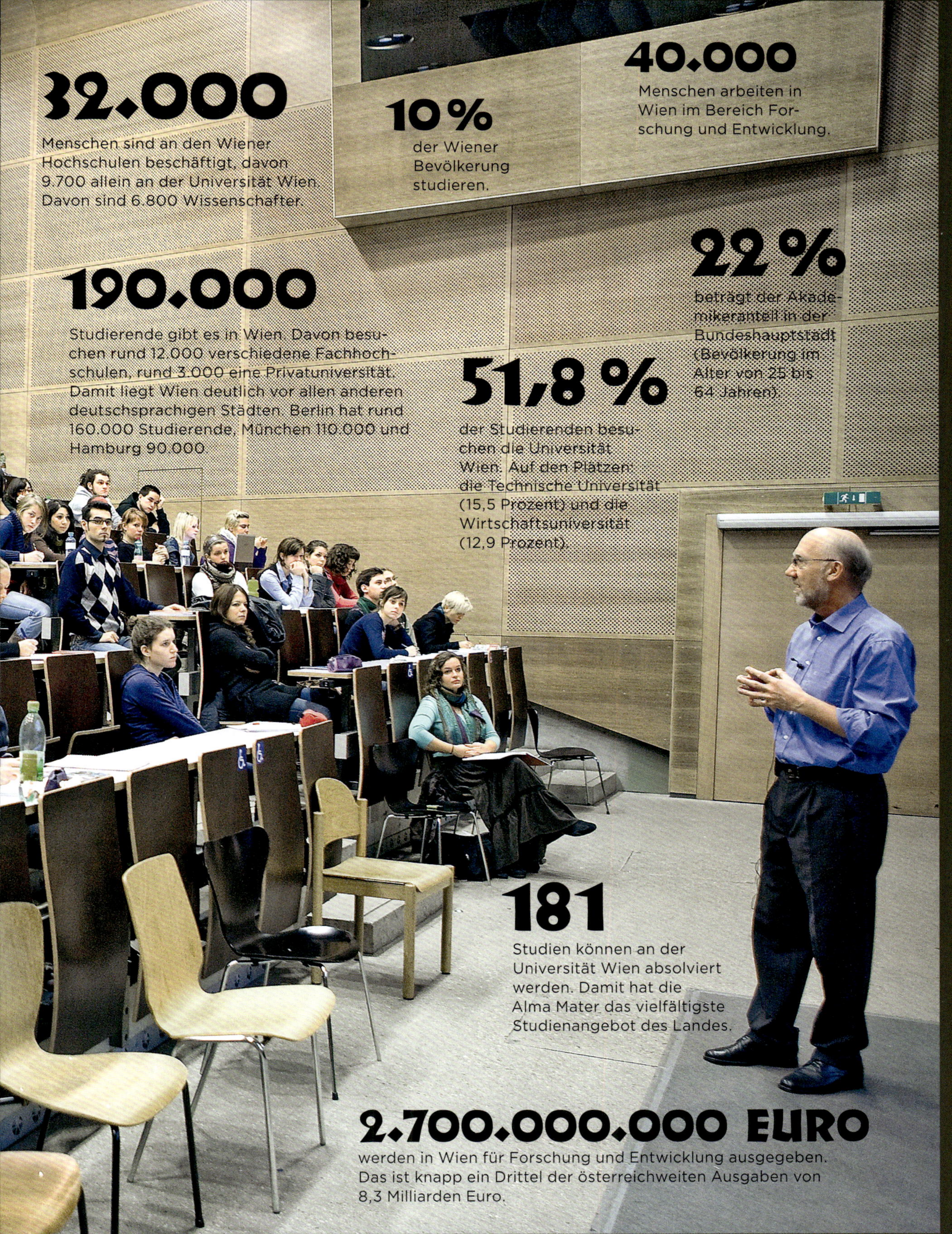

32.000
Menschen sind an den Wiener Hochschulen beschäftigt, davon 9.700 allein an der Universität Wien. Davon sind 6.800 Wissenschafter.

10 %
der Wiener Bevölkerung studieren.

40.000
Menschen arbeiten in Wien im Bereich Forschung und Entwicklung.

190.000
Studierende gibt es in Wien. Davon besuchen rund 12.000 verschiedene Fachhochschulen, rund 3.000 eine Privatuniversität. Damit liegt Wien deutlich vor allen anderen deutschsprachigen Städten. Berlin hat rund 160.000 Studierende, München 110.000 und Hamburg 90.000.

22 %
beträgt der Akademikeranteil in der Bundeshauptstadt (Bevölkerung im Alter von 25 bis 64 Jahren).

51,8 %
der Studierenden besuchen die Universität Wien. Auf den Plätzen: die Technische Universität (15,5 Prozent) und die Wirtschaftsuniversität (12,9 Prozent).

181
Studien können an der Universität Wien absolviert werden. Damit hat die Alma Mater das vielfältigste Studienangebot des Landes.

2.700.000.000 EURO
werden in Wien für Forschung und Entwicklung ausgegeben. Das ist knapp ein Drittel der österreichweiten Ausgaben von 8,3 Milliarden Euro.

DIE WICHTIGSTEN WISSENSCHAFTER

Die Alma Mater Rudolphina brachte immer wieder bedeutende Wissenschafter hervor. Zahlreiche Geistesgrößen wurden mit dem Nobelpreis ausgezeichnet, fünf werden hier gewürdigt.

JULIUS WAGNER-JAUREGG
(1857–1940)

Geboren in Wels. Für die Entdeckung der Bedeutung der Malariatherapie zur Behandlung der progressiven Paralyse (fortschreitende Lähmung in Folge einer Syphilis-Erkrankung) erhielt er **1927** den Nobelpreis für **Medizin**.

KARL LANDSTEINER
(1868–1943)

In Baden bei Wien geboren; entdeckte 1901 das ABO-System der Blutgruppen. **1930** wurde er dafür mit dem Nobelpreis für **Medizin** ausgezeichnet.

Mit einer Medaille wie dieser werden Nobelpreisträger ausgezeichnet.

ERWIN SCHRÖDINGER

(1887-1861)

In Wien-Erdberg geboren; gilt als einer der Begründer der Quantenmechanik. Für die Entdeckung neuer produktiver Formen der Atomtheorie erhielt er **1933** gemeinsam mit Paul Dirac den Nobelpreis für **Physik**.

FRIEDRICH AUGUST VON HAYEK

(1899-1992)

Geboren in Wien; war einer der wichtigsten Vertreter der Österreichischen Schule der Nationalökonomie. **1974** erhielt er den Nobelpreis für **Wirtschaftswissenschaften**.

KONRAD LORENZ

(1903-1989)

Geboren in Wien; vom Spiegel als „Einstein der Tierseele" bezeichnet. Er erhielt **1973** den Nobelpreis für **Medizin** für die Entdeckungen betreffend den Aufbau und die Auslösung von individuellen und sozialen Verhaltensmustern.

DAS GRÖSSTE SCHNITZEL

Es ist ein Klassiker der Wiener Küche: ein zartes Stück Kalbfleisch, gewendet in Mehl, Ei und Brösel, sorgfältig goldbraun gebacken: Fertig ist das Wiener Traditionsgericht. Das größte Schnitzel gibt es beim Figlmüller.

Zubereitet wird das Wiener Schnitzel im Restaurant Figlmüller heute noch so, wie es bereits Urgroßmutter Anna Figlmüller anno 1920 zu tun pflegte. Besonders wichtig ist die Qualität der einzelnen Zutaten, selbst für die Brösel werden ausschließlich Kaisersemmel, sozusagen die Luxusvariante dieses überaus beliebten Gebäcks, verwendet. Verarbeitet wird für das größte Schnitzel nur bestes Fleisch von der Karreerose, dem Schweinsrücken. Damit es den erstaunlichen Durchmesser von 30 Zentimetern erreicht, wird es – bevor es gebacken wird – tüchtig geklopft. Neben diesem „Figlmüller Schnitzel" wird aber natürlich auch das klassische Kalbsschnitzel serviert. In beiden Fällen wichtig: Die Pfanne muss immer wieder ein wenig geschwenkt werden – nur so kann die Panier schön aufgehen. Dazu wird Erdäpfelsalat serviert.

TIPP

DER WICHTIGSTE HANDGRIFF

Damit das Wiener Schnitzel eine beeindruckende Größe à la Figlmüller erreicht, muss es ausgiebig mit einem Klopfer behandelt werden – aufwendig, zugegeben, aber das Ergebnis ist den Einsatz wert. Wie man das macht, kann man einfach nachlesen.

HANS UND THOMAS FIGLMÜLLER
Figlmüller – Wiener Küche. Kochen nach Bildern
echomedia, 232 Seiten, 24,90 Euro

IMPORT AUS ITALIEN?

Hartnäckig hält sich das Gerücht, dass das Wiener Schnitzel aus Italien importiert worden sei. Sogar Feldmarschall Josef Wenzel Radetzky (1766–1858) wird als „Zeuge" genannt. Experten halten diese Geschichte für schlicht erfunden. Dazu kommt, dass es in Wien schon vor dem angeblichen Radetzky'schen Import Speisen gab, die paniert und in Fett schwimmend gebacken wurden, zum Beispiel das Wiener Backhendl. Das Schnitzel dürfte also doch eine rundum österreichische Erfindung sein.

DIE TOP FIVE DER WIENER KÜCHE

Tafelspitz und Fiakergulasch, Kalbsleber und Paprikahenderl, Beuschel und Zwiebelrostbraten – und natürlich Backhenderl. Diese Köstlichkeiten der Wiener Küche lassen einem das Wasser im Mund zusammenlaufen und stellen doch nur eine kleine Auswahl der grandiosen Wiener Speisekarte dar.

TAFELSPITZ

Seine große Beliebtheit verdankt der Tafelspitz angeblich Kaiser Franz Joseph, der das gekochte Rindfleisch zu seiner Leibspeise erklärte. In Wien ist die Familie Plachutta mit ihren „drei weltberühmten Tafelspitzrestaurants“ (selbstbewusste Eigendefinition) mit dieser traditionsreichen Köstlichkeit untrennbar verbunden.
Zum Tafelspitz serviert werden Rösterdäpfel, Schnittlauchsauce und Apfelkren. Zulässig sind aber auch Semmelkren, Dillfisolen oder Cremespinat.

KALBSLEBER & BEUSCHEL

Längst erkannten Feinschmecker wie der renommierte Gastrokritiker Wolfram Siebeck, dass die gelungene Zubereitung von Innereien ein unleugbares Qualitätsmerkmal jeder Küche ist. Die Geröstete Kalbsleber ist ebenso wie das Beuschel (Kalbslunge) eine Spezialität, der in der Wiener Küche ein überaus prominenter Platz zukommt.

FIAKERGULASCH

Ungarische Truppen, die in Österreich stationiert waren, brachten das Gulasch nach Wien. Das Fiakergulasch ist eine gelungene Variante – das feurige Gulasch wird mit Sacherwürsteln, Essiggurkerln und Spiegelei ergänzt. Als Beilagen werden Semmelknödel oder Salzerdäpfel serviert.

TIPP

DIE WIENER RINDSUPPE

Der Wiener ist alles – nur kein Suppenkaspar, eher das glatte Gegenteil. In kaum einem anderen Teil der Welt kommt der klassischen Rindsuppe solche Bedeutung zu. Dank der Vielfalt an herrlichen Einlagen wie Leberknödel, Griesnockerln oder Frittaten auch kein Wunder.

www.wien.info/de/einkaufen-essen-trinken/wiener-kueche/rezepte/klassische-wiener-rindsuppe

PAPRIKAHENDERL

Die Wiener übernahmen das Paprikahenderl ebenso wie das Gulasch von den ungarischen Nachbarn. Es zählte bis zum Ende des 18. Jahrhunderts als Nobelgericht, erfreut sich aber seit jeher ungetrübter Beliebtheit.

ZWIEBEL-ROSTBRATEN

Butterweich – so liebt der Wiener den Zwiebelrostbraten, anders als in anderen Ländern, wo er ebenso bekannt ist, aber nur kurz gebraten wird. Beliebte Beilagen: Am besten schmecken Braterdäpfel.

FLEISCHES LUST. FEINE FLEISCHKÜCHE UND WARENKUNDE

Ob Rind, Kalb, Schwein, Geflügel, Lamm oder Wild: In diesem Buch finden sich die besten Rezepte – mal klassisch, mal raffiniert, mal neu interpretiert. Als Plus eine umfassende Warenkunde.

Collection Rolf Heyne, 336 Seiten, 36 Euro

DIE SÜSSESTEN VERSUCHUNGEN

Die Sachertorte ist nahezu ein Wahrzeichen Wiens. Das Originalrezept ist ein streng gehütetes Geheimnis, und das seit 1832: flaumiger Schokoladekuchen, verfeinert mit hausgemachter Marillenmarmelade, vollendet mit edler Kuvertüre. Aber in der Welthauptstadt der Mehlspeisen hat sie viel „Konkurrenz". Naschkatzen haben es schwer, dürfen sich aber über eine süße Herausforderung freuen.

KAISERSCHMARREN

Seine Entstehung ist unklar. Der amüsantesten Legende nach soll der Hof-Patissier mit seiner Kreation aus Palatschinkenteig und Zwetschkenröster bei Kaiserin Sisi abgeblitzt sein, dafür sprang der Gemahl in die Bresche. Kolportiertes Zitat: „Na geb' er mir halt den Schmarren her, den unser Leopold da wieder z'sammenkocht hat."

GUGELHUPF

Besonders traditionsbewusste Zeitgenossen verweisen gerne darauf, dass es bereits im römischen Carnuntum, einst eine Stadt unweit des späteren Wien, Gugelhupfformen gab. Wirklich populär wurde er aber erst viele Jahrhunderte später, im Biedermeier. Noch heute wird – ähnlich wie beim Apfelstrudel – gerne darüber debattiert, ob nun Rosinen im Teig zulässig sind oder nicht.

MALAKOFFTORTE

Eine Torte, die nicht gebacken, sondern schlicht geschichtet wird, und zwar aus Biskotten und Schlagoberscreme. Die meisten Quellen gehen davon aus, dass sie zu Ehren des französischen Marschalls Aimable Pélissier ihren Namen trägt. Dieser erhielt nach der Erstürmung der russischen Festung Malakow 1855 den Beinamen Duc de Malakoff.

GERMKNÖDEL

Der große, halbkugelförmige, mit Powidl gefüllte Knödel aus Germteig (Hefeteig) wird in der klassischen Wiener Zubereitungsart mit zerlassener Butter übergossen und mit einer Mischung aus geriebenem Mohn und Staubzucker bestreut. Ist in Wien schon seit dem 17. Jahrhundert bekannt und beliebt.

APFELSTRUDEL

Brösel oder nicht – über deren Verwendung im Apfelstrudel wird in Wien durchaus heftig diskutiert. Wer dem klassischen Sacher-Rezept folgt, kommt nicht umhin welche zu verwenden.

SÜSSES AUS DEM SACHER

Von Torten über Kuchen bis zu Soufflés. Dieses Werk bietet 300 verführerische Mehlspeisen-Rezepte aus der Profi-Backstube.

Verlag Pichler, 300 Seiten, 29,90 Euro

DIE ZENTRALSTE MESSUNG

Unermüdlich kämpfte der Direktor der Prager Sternwarte, Karl Kreil, für eine zentrale Wettermessung, reiste durchs Land, um freiwillige Beobachter zu gewinnen, listete detailliert die Vorteile einer umfassenden Datensammlung auf. Im Jahr 1851 schließlich war es so weit. Am 23. Juli bewilligte Kaiser Franz Joseph die Gründung einer Zentralanstalt für Meteorologie und Erdmagnetismus und ernannte Karl Kreil zum ersten Direktor.

TIPP

DIE MEISTEN BLITZE

Im Rekordjahr 2008 wurden in Wien 1.237 Blitze gezählt. Erfasst werden diese leuchtenden Erscheinungen seit 1992 im österreichischen Blitzortungssystem **ALDIS** (kurz für **A**ustrian **L**ightning **D**etection & **I**nformation **S**ystem). Wer wissen will, wann es wo gekracht hat, wird hier punktgenau informiert und kann sich außerdem rechtzeitig vor Gewittern warnen lassen.

www.aldis.at

DER HEISSESTE TAG

Der 8. August 2013 ist der bisher heißeste Tag in der Geschichte der Stadt: 39,5 Grad Celsius wurden an diesem strahlend schönen Donnerstag im 1. Bezirk gemessen. Tatsächlich wird Wien immer heißer!

Dass die höchste jemals gemessene Temperatur ausgerechnet in der Innenstadt gemessen wurde, überraschte die Wetterexperten nicht. Die City gilt bei ihnen als „Wärmeinsel“: Häuser und Straßen wirken wie ein Speicher, der in der Nacht Wärme abgibt. Im Jahresmittel ergibt das Temperaturunterschiede von bis zu 1,2 Grad Celsius, in den heißen Sommermonaten ist die Wiener Innenstadt bis zu 1,5 Grad Celsius wärmer. Der wärmste Monat fällt – trotz des Hitzerekords am 8. August 2013 – nicht in das Jahr 2013. Mit 25,9 Grad Celsius liegt eindeutig der August 1992 vorne. Seit Beginn der Aufzeichnungen wird Wien zunehmend heißer: Um durchschnittlich zwei Grad Celsius wurde es seit dem Ende des 19. Jahrhunderts in Wien wärmer. Durch die Erwärmung gibt es auch deutlich mehr Hitzetage, also Tage mit Höchsttemperaturen jenseits der 30 Grad Celsius. Waren es von 1961–1990 im Mittel 9,6 Tage, stieg deren Zahl in den vergangenen drei Jahrzehnten auf 15,2 Tage.

DAS SONNIGSTE JAHR

Obwohl Wien immer wärmer wird, ist das sonnigste Jahr schon eine Zeit lang her. Man schreibt 1921. Bis heute ist es das sonnigste Jahr seit dem Beginn der Aufzeichnungen. 2.478 Sonnenstunden wurden gezählt, bereits gegen 9 Uhr früh waren einzelne Bäder ausverkauft. „An jeder freien Stelle des Donaukanals konnte man Badende beobachten“, meldeten Augenzeugen. Besonders lebhaft war das Badeleben wieder an der Donau und in den Donauauen. Das „Neue 8 Uhr-Blatt“ schrieb am 28. Juli: „Die Arbeitsfähigkeit der gesamten Bevölkerung hat durch die übergroße Hitze in sehr starkem Maße gelitten. In den Bureaux (Büros) wird nur das Allernotwendigste gearbeitet; jeder Weg und jede Besorgung werden nach Möglichkeit verschoben. In allen Ämtern kann man die Herren in Hemdärmeln sitzen sehen, in vielen Fällen ist man zu den offenen Schillerkrägen zurückgekehrt.“

DER HEITERSTE HIMMEL

Wenn der Himmel im Tagesmittel zu weniger als 20 Prozent mit Wolken bedeckt ist, wird er von Experten als „sonnig“ bezeichnet. Im Unterschied zu „heiter“ – in diesem Fall darf der Himmel bis zu drei Achtel (rund 37 Prozent) Wolken aufweisen. Der Grad der Bewölkung wird von einem geschulten Beobachter geschätzt.

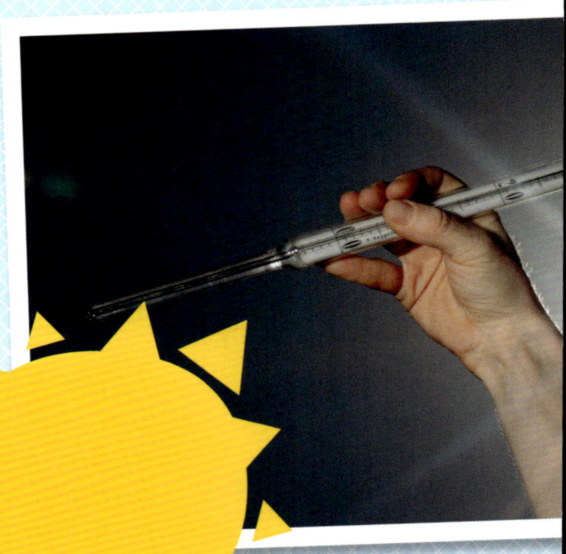

DIE HEISSESTEN TAGE

Wien wird zu einem heißen Pflaster. Die Zahl der Hitzetage (über 30 Grad) steigt stetig. In den vergangenen 30 Jahren waren es im Mittel 15,2 Tage. 1961–1990: 9,6 Tage; 1971–2000: 11,5 Tage. Wetterkenner sind überzeugt, dass es sich dabei um eine Folge des Klimawandels handelt.

15½ STD.

DIE MEISTE SONNE

Direkter Sonnenschein – und das 15 ½ Stunden lang: Der 13. Juni 2013 gilt als der sonnigste Tag in der Wiener Wettergeschichte. Der Sensor für die entsprechenden Aufzeichnungen befindet sich übrigens auf dem Dach der Technischen Universität am Karlsplatz, etwa 50 Meter über der Straße.

DIE NASSESTE WAAGE

Wie viel es geregnet hat, lässt sich mit einer Niederschlagswaage feststellen. Sie macht es möglich, die Regenmenge, die in einer bestimmten Zeit gefallen ist, zu ermitteln.

DER TROCKENSTE MONAT

Im November 2011 wurde an keiner der Wiener Wetterstationen auch nur ein Tropfen Regen registriert; Niederschlag also null Millimeter – der trockenste Monat seit Beginn der Aufzeichnungen. Das trockenste Jahr war 1932 mit einer Menge von nur 404 Millimetern.

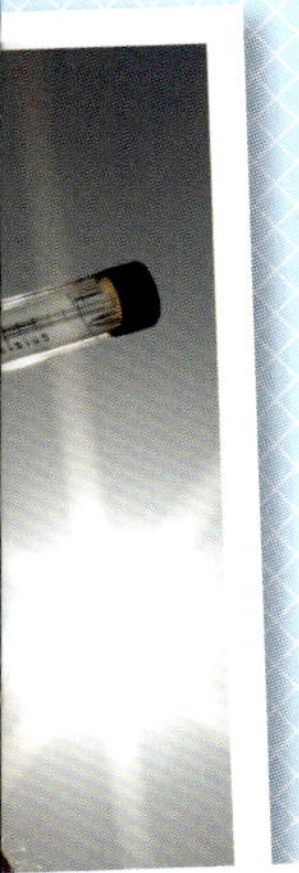

DAS FEUCHTESTE JAHR

Anders als die Temperaturen sind die Niederschlagsmengen seit 170 Jahren nahezu unverändert. Das feuchteste Jahr war 1941 mit einem Niederschlag von 1.108 Millimetern. Der feuchteste Monat war der Juli 1997 mit 355 Millimetern Niederschlag.

DIE KLIRRENDSTE KÄLTE

Draußen war es am 24. Jänner 1942 so kalt wie nie zuvor und auch nachher nie mehr wieder. Eine Rekordkälte von minus 29,1 Grad Celsius wurde offiziell gemessen. Die wenigen Zeitungen, die am Tag danach erschienen, verkündeten in wenigen Zeilen, dass ab dem kommenden Montag die Schulen gesperrt bleiben. Zu kalt. Zu wenig Kohlen. Alle froren im Krieg.

DER MEISTE SCHNEE

45 Zentimeter Neuschnee fielen in der Nacht von 9. auf 10. Februar 1986 – das ist der absolute Rekordwert für Wien. Die größte Gesamtschneehöhe wurde zwei Jahre später gemessen, wieder im Februar, dieses Mal am 28. des Monats: 75 Zentimeter. Wie hoch der Schnee liegt, wird übrigens mit einer fast archaisch anmutenden Methode bestimmt. Mit einem Schneepegel wird die Menge ermittelt, die auf ein auf dem Boden liegendes Brett gefallen ist. Hat es Neuschnee gegeben, wird es ein Mal am Tag abgekehrt.

DIE MUTIGSTEN JÄGER

Wenn Hagel und Sturm, Fluten und Gewitter über das Land peitschen, dann sind sie mittendrin: die Gewitterjäger oder wissenschaftlich korrekt „Trusted Spotter". Sie sind von Experten der Zentralanstalt für Meteorologie und Geodynamik (ZAMG) geschult, ehrenamtlich tätig und liefern wichtige Unwetterinformationen in Echtzeit. Doch die Mitarbeit der Bürger ist auch andernorts gefragt. Citizen Science hat sich längst als sinnvolle Arbeitsmethode bewährt. Dabei unterstützen Interessierte aus der Bevölkerung wissenschaftliche Projekte: Sie melden Erdbeben, beobachten, wie Fauna und Flora auf die Klimaveränderungen reagieren, und machen Wetterfotos für die Internetseite Meteopics.

www.zamg.ac.at
www.phenowatch.at
www.meteopics.eu

DER HEFTIGSTE ORKAN

Es war ein Orkan, der am 19. Jänner 2007 über Unterlaa fegte – mit Spitzen von bis zu 130 Kilometern pro Stunde fetzte dieser Sturm über den Südosten Favoritens.

DIE KLÜGSTEN KÖPFE

Dieser Mann veränderte die Welt – bis heute gilt Sigmund Freud als einer der einflussreichsten Denker des 20. Jahrhunderts. Der Begründer der Psychoanalyse erkannte, welche Bedeutung das Unbewusste für unser Leben hat.

47 Jahre lebte und arbeitete Sigmund Freud (1856–1939) in der Berggasse 19 in Wien-Alsergrund. Hier, wo der Begründer der österreichischen Sozialdemokratie, Victor Adler (1852–1918), als Armenarzt praktizierte, entwickelte Freud die Psychoanalyse, bei der es im Wesentlichen darum geht, die seelische Struktur eines Menschen zu verstehen. Von besonderer Bedeutung dafür ist die Traumdeutung, die auf der Erkenntnis beruht, dass es einen Zusammenhang zwischen Träumen und persönlicher Lebensgeschichte gibt. Das Buch „Die Traumdeutung", erstmals am 4. November 1899 erschienen, gehört zu den meistgelesenen des 20. Jahrhunderts. Schon zu Lebzeiten wurde der Erfinder des Ödipus-Komplexes entsprechend verehrt. Zu seinem 65. Geburtstag bekam er eine Porträtbüste geschenkt, auf der die Schlussverse der griechischen Tragödie „König Ödipus" zu lesen waren, die Freud gewidmet waren, einem Denker, „der die berühmten Rätsel löste und ein hochbedeutender Mann war".

DIE TRAUMDEUTUNG

Sigmund Freud selbst war von seinem Werk so angetan, dass er sagte: „In vielen trüben Stunden ist es mir zum Trost geworden, dies Buch hinterlassen zu können." Das Buch gilt noch heute als eines der wichtigsten des 20. Jahrhunderts.

Fischer, 672 Seiten, 13,40 Euro

SIGMUND FREUD MUSEUM

Die Wohnung, die der „Erfinder" der Psychoanalyse in der Berggasse 19 bis zu seiner Emigration nach Großbritannien 1938 bewohnte, ist seit 1971 ein Museum. Besucher erhalten dort Einblicke in Freuds Leben, sein kulturelles Umfeld und die Entstehung der Psychoanalyse. Seither wurde es um eine Bibliothek, einen Vortrags- und Ausstellungssaal und einen Museumsshop erweitert.

DIE GEISTESGRÖSSEN GESTERN ...

Wien um die Wende zum 20. Jahrhundert – eine Stadt, in der viele Geistesgrößen beheimatet waren. Eine Stadt, von der aus die Welt verändert wurde. Aber auch heute wirken in Wien Wissenschafter von Weltruf.

Menschen wie Otto Wagner, Kurt Gödel und Karl Kraus hinterließen tiefe Spuren in der globalen Geistesgeschichte. Doch auch 100 Jahre später wirken in Wien Wissenschafter, deren Arbeiten enorme Bedeutung haben. Es sind Männer wie Anton Zeilinger und Josef Penninger, Frauen wie Renée Schroeder und Helga Kromp-Kolb. Sie stehen beispielhaft für eine Generation von impulsgebenden Wissenschaftern. Doch damit nicht genug. Wien ist auf dem besten Weg, seinen Ruf als Wissenschaftsstandort weiter zu verstärken, zum Beispiel im Biotech-Bereich. Die Expertin Renée Schroeder sagt über die Herausforderung ihrer „Zunft“: „Abenteurerin oder Abenteurer zu sein, heißt, neue Wege zu gehen. Und darum geht es auch in der Wissenschaft.“

OTTO WAGNER

Architekt (1841–1918). Seine (Jugendstil-) Bauten, wie die Postsparkasse, die Kirche am Steinhof oder das Ankerhaus am Graben, prägen Wien bis heute.

KURT GÖDEL

Mathematiker (1906–1978); einer der bedeutendsten Logiker des 20. Jahrhunderts. Autor Daniel Kehlmann würdigt seine Lebensstationen in dem Theaterstück „Geister in Princeton“.

KARL KRAUS

Schriftsteller und Publizist (1874–1936); beschreibt in „Die letzten Tage der Menschheit“ in mehr als 200 Szenen die Absurdität des Krieges; heftiger Kritiker der „Journaille“ (meint die Boulevardmedien).

... UND HEUTE

RENÉE SCHROEDER

Biochemikerin (geb. 1953); vielfach ausgezeichnete Forscherin, unter anderem mit dem Wittgenstein-Preis; engagiert sich intensiv für die Förderung von Frauen in der Wissenschaft.

ANTON ZEILINGER

Quantenphysiker (geb. 1945); erlangte durch seine Experimente zur Quantenteleportation enorme Bekanntheit. Sie brachten ihm den Spitznamen „Mr. Beam" ein, in Anlehnung an das Beamen in der TV-Serie „Raumschiff Enterprise".

HELGA KROMP-KOLB

Meteorologin und Klimaforscherin (geb. 1948); bekannt durch ihr Engagement zum Klimawandel; sagt seit vielen Jahren, „dass wir mit unseren Ressourcen falsch umgehen [...] und wir unsere Lebensgrundlage zerstören."

JOSEF PENNINGER

Genetiker (geb. 1964); Direktor des Instituts für Molekulare Biotechnologie in Wien; wurde während seiner Tätigkeit in Kanada zwei Mal in die Top-10-Liste der Modernsten Wissenschafter des Jahres gewählt; unter anderem mit dem Wittgenstein-Preis ausgezeichnet.

DER HÖCHSTDOTIERTE PREIS

Mit 1,5 Millionen Euro ist der Wittgenstein-Preis der höchstdotierte Preis der Republik Österreich. Er ist nach dem österreichischen Philosophen Ludwig Wittgenstein benannt und wird gerne als „Austro-Nobelpreis" bezeichnet. Das Geld kann der Preisträger als Fördermittel im Laufe von fünf Jahren für Forschungszwecke ausgeben.

HANS MOSER

Schauspieler (1880–1964); war lange Max Reinhardts Lieblingsschauspieler, trat im „Sommernachtstraum" sogar am New Yorker Broadway auf; wurde als ewiger Grantler berühmt; war beliebter Wienerlied-Sänger („Die Reblaus").

ROLAND NEUWIRTH

Musiker (geb. 1950); Gründer der „Extremschrammeln"; schrieb rund 300 Lieder. Für die Erneuerung des Wienerlieds wurde er 2002 mit dem Silbernen Ehrenzeichen der Stadt Wien ausgezeichnet.

HELMUT QUALTINGER

Schauspieler, Schriftsteller (1928–1986); Durchbruch im legendären Einpersonenstück „Der Herr Karl"; beeindruckte in seiner letzten Filmrolle als Mönch Remigio in der Verfilmung von Umberto Ecos Roman „Der Name der Rose".

MARX AUGUSTIN

Sänger (1643–1685). Tatsächlich ist über ihn wenig bekannt, legendär wurde er als Bänkelsänger, der in betrunkenem Zustand eine Nacht in einer Pestgrube überlebte. Ob er das Volkslied „O du lieber Augustin" selbst verfasst hat, ist bis heute unklar.

FALCO

Sänger (1957–1998); war mit „Rock Me Amadeus" Nr. 1 in der US-Hitparade (als bisher einziges deutschsprachiges Lied). Sein Hit „Der Kommissar" war der erste erfolgreiche Rap-Song eines Weißen. Falco war damit sogar Nr. 1 in Guatemala.

DIE ECHTESTEN WIENER

Die Frage, wer als echter Wiener gilt, ist gar nicht so schwer zu beantworten: Darunter versteht man jemanden, der ohne seine Heimatstadt Wien nicht der geworden wäre, der er ist. Deshalb muss er noch längst kein Original sein, es ist aber durchaus möglich.

ANDRÉ HELLER

Künstler (geb. 1947); war und ist in vielen Genres tätig und erfolgreich; entwirft immer wieder erstaunliche Projekte wie die Heißluft-Skulpturen oder Kristall-Welten; schuf für die Weltmeisterschaft in Deutschland den Fußball-Globus und das WM-Motto („Die Welt zu Gast bei Freunden").

WILLI RESETARITS

Musiker (geb. 1948); wurde als „Ostbahn-Kurti" mit der wienerischen Interpretation klassischer Rocksongs zur Legende; widmet sich aktuell unterschiedlichen musikalischen Projekten. Willi Resetarits ist außerdem Ehrenpräsident des Wiener Integrationshauses.

WALULISO

Friedensaktivist (1914–1996). Waluliso (eigentlich Ludwig Weinberger) war ein stadtbekanntes Original. Mit Stirnkranz und weißer Toga predigte er in der Wiener Innenstadt für den Frieden. Ließ seinen Nachnamen auf Waluliso (für Wasser, Luft, Licht und Sonne) ändern.

DAS ÄLTESTE KAFFEEHAUS

Das Café Frauenhuber in der Himmelpfortgasse 6 ist Wiens ältestes Kaffeehaus. Schon zur Zeit Kaiser Franz Josephs genoss es einen vorzüglichen Ruf. Begonnen hatte alles viel früher, im Jahr 1824.

Bis 1824 befand sich das Café, das damals einem gewissen Alois Hänisch gehörte, auf dem Fleischmarkt. Überliefert ist, dass dort mit Charme und Schmäh parliert wurde. Was vermutlich auch seinem Besitzer zu verdanken ist. Ganz offensichtlich war Herr Hänisch ein höchst findiger Unternehmer und in Sachen Marketing, wie wir heute sagen würden, seiner Zeit extrem voraus. Denn nachdem er am 28. Oktober 1824 in die Himmelpfortgasse übersiedelt war, ließ er sich wenig später die Türbalken durch zwei lebensgroße Figuren verschönern: Eine dieser Figuren soll den legendären Kaffeesieder Georg Franz Kolschitzky (1640–1694) gezeigt haben. In den Jahren danach wurde das Café mehrfach umbenannt, seit 1891 existiert es als Café Frauenhuber. Es ist eines von vie-

TIPP

DER APFELSTRUDEL

Wie Wiener Schnitzel und Melange, so gehört auch der Apfelstrudel zur Stadt. Zubereitet wird die Köstlichkeit mit heimischen, fein säuerlichen Äpfeln, in Rum getränkten Rosinen, einem sorgfältig ausgezogenen Strudelteig und selbstverständlich auch mit Butterbröseln.

www.wien.info/de/einkaufen-essen-trinken/wiener-kueche/rezepte/apfelstrudel

len legendären Kaffeehäusern in einer Stadt, die für ihre Cafés weltberühmt ist. Das Schöne daran: Es sind, bei aller Tradition, keineswegs museale Einrichtungen, sondern höchst lebendige Treffpunkte. Orte wie dafür gemacht, Freunde zu treffen, Geschäfte anzubahnen oder in größter Gemütlichkeit bei einem kleinen Braunen oder einer Melange stundenlang in seinen Lieblingszeitungen zu blättern.

DIE KAFFEEHAUS-LITERATEN

Anton Kuh (1891–1941) gehörte zu jenem erst belächelten, später aber bewunderten Kreis junger Männer, die als Kaffeehausliteraten in die Geschichte eingehen sollten. Er stellte sich einst selbst die Frage, was denn ein Kaffeehausliterat sei. Seine Antwort: „Ein Mensch, der Zeit hat, im Kaffeehaus über das nachzudenken, was die anderen draußen nicht erleben." Tatsächlich galten Anton Kuh und seinesgleichen, unter anderen Peter Altenberg (Foto), Hermann Bahr, Arthur Schnitzler, Egon Friedell und Karl Kraus, als die Erfinder eines Genres, das bis heute bewegt und fasziniert.

WELTKULTURERBE KAFFEEHAUS

Unvergleichlich. Einzigartig. Und deshalb seit 2011 Weltkulturerbe. Mit diesem Titel wurde das Wiener Kaffeehaus geadelt und genießt einen internationalen Ruf.

„Für mich ist es am schönsten im Kaffeehaus. Man ist nicht zu Haus und doch nicht an der frischen Luft." Natürlich war es ein Kaffeehausliterat, nämlich Peter Altenberg, der die unbändige Anziehungskraft der Cafés in diesen wunderbaren Aphorismus fasste.
Heute ist die Wiener Kaffeehauskultur von der UNESCO anerkanntes Weltkulturerbe – und zwar seit 10. November 2011. Weil es etwas absolut Einmaliges ist. Stefan Zweig (1881–1942), wie Altenberg Kaffeehausliterat, schrieb: „Das Wiener Kaffeehaus stellt eine Institution besonderer Art dar, die mit keiner ähnlichen der Welt zu vergleichen ist."

CAFÉ CENTRAL

Wiener Genusskultur einst und jetzt. Betrachtet den Mythos der Wiener Kaffeehauskultur aus zeitgemäßer Perspektive.

Palais Events Veranstaltungen GmbH, 144 Seiten, 18,90 Euro

KAFFEEHÄUSER IN WIEN

Ein Leitfaden durch die Vielfalt des Angebots. Autor Christopher Wurmdobler gibt Auskunft über Kulinarik, Klientel und Klatsch.

Falter Verlag, 240 Seiten, 25,50 Euro

DAS GROSSE WIENER KAFFEEHAUS-EXPERIMENT

Die Dokumentation eines Kunstprojekts des Wiener MAK. Das Ziel? Einblicke in das Kaffeehaus von morgen zu geben.

Metroverlag, 184 Seiten, 19,90 Euro

DIE INTERESSANTESTEN CAFÉS

CAFÉ HAWELKA

Legendäres Café in der Dorotheergasse im Herzen der Stadt. 1939 von Leopold und Josefine Hawelka gegründet, wird es mittlerweile in dritter Generation geführt. Berühmt für seine Buchteln. Spätestens seit Georg Danzers Austropop-Klassiker „Jö schau" österreichweit berühmt.

CAFÉ CENTRAL

Über das im Palais Ferstel befindliche Central schrieb Alfred Polgar einst: „Das Café Central ist nämlich kein Caféhaus wie andere Caféhäuser, sondern eine Weltanschauung." Kann es größeres Lob geben? Wohl kaum.

CAFÉ GRIENSTEIDL

Hier schlug um 1891 die Geburtsstunde der Wiener Kaffeehausliteratur. Hermann Bahr, Hugo von Hofmannsthal und Arthur Schnitzler verkehrten im Griensteidl. 1897 wurde es wegen der Neugestaltung des Michaelerplatzes abgerissen, 1990 wieder zu neuem Leben erweckt.

CAFÉ SCHWARZENBERG

Ältestes Ringstraßencafé, das nie Literatencafé, dafür aber Treffpunkt der Wiener Wirtschaft war. Prominentester Stammgast dereinst: Josef Hoffmann, Begründer der Wiener Werkstätte, der in seiner Mittagspause so manchen seiner außergewöhnlichen Entwürfe hier skizzierte.

CAFÉ PRÜCKEL

Direkt an der Ringstraße gelegen, sieht es auch heute noch so aus, als wären die 1950er-Jahre nie zu Ende gegangen.

CAFÉ LANDTMANN

1873 von Franz Landtmann in unmittelbarer Nähe des Burgtheaters eröffnet – eine echte Institution, die seit jeher auch von internationaler Prominenz geschätzt wird. Zu den Gästen zählten Marlene Dietrich, Romy Schneider, Burt Lancaster, aber auch Hillary Clinton und Paul McCartney.

CAFÉ-DOYENNE UND SCHRÄGE WIENERIN

Sie war die erste Frau, die den Opernball im Frack besuchte. Sie war Performance-Künstlerin und stand mit Burt Lancaster vor der Kamera: Die Rede ist von Susanne Widl. „Sie ist eine Diva der Extravaganzen", so ihr Lebenspartner, der Wiener Medientheoretiker Peter Weibel. Seit dem Jahr 2000 führt sie das Café Korb, „den Inbegriff des Wiener Kaffeehauses", wie Kulturstadtrat Andreas Mailath-Pokorny bei der Verleihung des Goldenen Verdienstzeichens an sie sagte.

TIPP

DIE BESTEN KAFFEE-APPS

Coffee: Beans, Barista & Latte Art: aufwendige App mit fundiertem Barista-Wissen. **Art of Coffee** widmet sich der Latte Art, also der Kunst perfekt inszenierten Milchkaffees. **The Coffee Quiz:** unterhaltsames Ratespiel für Kaffeeexperten und alle, die es werden wollen. **Instant Barist Pro:** Rezepte und Anleitungen (inklusive inspirierender Videos). **Wiener Kaffeehausreiseführer von Cafe Traveler** führt zu allen klassischen Kaffeehäusern, aber auch zu interessanten Neueröffnungen. **Coffee(in)Touch** funktioniert ähnlich wie der Guide von **Cafe Traveler**, allerdings gibt's ihn auch für London und New York. **Too Much Coffee** registriert jede Tasse und schlägt Alarm, wenn's zu viel des Guten wird.

Susanne Widl: eine auffällige und ausgezeichnete Frau

Blick ins Korb: zu jeder Tages- und Nachtzeit viel besucht

Schanigarten: angenehme Atmosphäre, südliches Flair

DIE SECHS AUSSERGEWÖHNLICHSTEN KAFFEESPEZIALITÄTEN

FIAKER

Ein doppelter Mokka wird mit Kirschwasser und Zucker im Einspännerglas verrührt und mit einer Schlagobershaube garniert serviert (wird auch Kaffee Kirsch genannt). Im Café Landtmann gibt's noch eine Kirsche obendrauf.

ÜBERSTÜRZTER NEUMANN

Ausnahmsweise kommt bei dieser Kreation das Schlagobers zuerst in eine leere Kaffeeschale und wird dann am Tisch des Gastes mit einem Mokka „überstürzt"; von einem Stammgast des legendären Café Herrenhof erfunden.

OBERS GESPRITZT

Sehr viel flüssiges Obers wird mit sehr wenig Mokka „gespritzt"; das Mischungsverhältnis beträgt üblicherweise 9:1.

OBERMAYER

Über einen Kaffeelöffelrücken wird kaltes Obers auf einen großen Mokka gegossen. Der heiße Kaffee wird durch das kalte Obers getrunken; benannt nach einem Wiener Philharmoniker.

MARIA THERESIA

Ein Mokka wird mit flüssigem Zucker gesüßt, dazu kommt ein Schuss Orangenlikör. Die Krone für diesen Kaffee: ein Schlagobershäubchen mit Zuckerstreusel oder Orangenzesten.

MAZAGRAN

Ein geeister Mokka wird mit Maraschino, Gewürzen und flüssigem Zucker vermengt, mit Eiswürfeln serviert; gilt als Longdrink für Kaffeefreunde.

GLAS WASSER

Zu jedem Kaffee wird in Wien ein Glas Wasser serviert. Warum? Um den Gaumen zu neutralisieren und ihn so frisch für den nächsten Schluck köstlichen Kaffees zu machen.

DER WILDESTE WALD

Der Urwald am Rande der Großstadt darf nur in Ausnahmefällen betreten werden. Denn der Johannser Kogel im Lainzer Tiergarten ist im Wiener Raum absolut einzigartig – er ist ein Dschungel, von Menschenhand unberührt.

400 Jahre alte Eichen stehen in diesem einmaligen Reservat. Alles, was hier kreucht und fleucht, keimt und sprießt, zugrunde geht und stirbt, alles bleibt sich selbst überlassen – aus Naturschutzgründen und für Forschungszwecke. Menschen dürfen das Gebiet nur in Ausnahmefällen betreten, unter anderem bei den seltenen geführten Touren. Schon der Marsch auf den Johannser Kogel ist etwas Besonderes. Rund dreieinhalb Kilometer müssen vom Treffpunkt Nikolaitor zurückgelegt werden, nicht einmal Wege sind mancherorts vorhanden. 1972 wurde der Johannser Kogel zum Reservat erklärt. 45 Hektar des insgesamt 70 Hektar großen Gebiets sind sogar eingezäunt.

DIE MEISTEN BUCHEN

Der Biosphärenpark Wienerwald ist 105.645 Hektar groß; auf Wiener Gebiet sind es rund 9.900 Hektar, davon gehören der MA 49 rund 3.500 Hektar, dem Stift Schotten 443 Hektar, dem Stift St. Peter 74 Hektar und den Österreichischen Bundesforsten rund 1.000 Hektar. Im Norden ist der Wienerwald zu 77 Prozent Laubwald (und stellt auch das größte zusammenhängende Buchenwaldgebiet Europas dar), im Südosten zu etwa 46 Prozent Nadelwald (Föhre, Fichte, Schwarzkiefer, Tanne und Lärche). Die sogenannte Kernzone ist jene Zone, in der sich die Natur vom Menschen möglichst unbeeinflusst entwickeln kann.

DER EINZIGARTIGE LEBENSRAUM

Dass eine Weltstadt in einem Biosphärenpark liegt, ist weltweit einzigartig. Insgesamt 9.900 Hektar umfasst er in Wien, umschließt die sieben Bezirke Hietzing, Penzing, Ottakring, Hernals, Währing, Döbling und Liesing.

Der Wienerwald bietet Lebensraum für 2.000 Pflanzenarten, 150 Brutvogelarten und viele andere bedrohte Tiere. Das Biosphärenpark-Konzept der UNESCO ist ein Schutz- und Entwicklungsinstrument für Regionen mit hohen Naturwerten. Der Mensch ist ein zentrales Element in den Biosphärenparks. Dies ist ein wesentlicher Unterschied zu den Nationalparks, bei denen es sich ausschließlich um streng geschützte Gebiete handelt, die von den Menschen unbeeinflusst bleiben. Der Wienerwald darf genützt werden. Er ist durchzogen von einem Netz markierter Spazier- und Wanderwege und somit ein ideales Naherholungsgebiet.

SMARAGDEIDECHSE

Diese grün gefärbte Echsenart, die bereits als gefährdet gilt, hat im Wienerwald eine weitgehend sichere Heimat gefunden. Mit der ersten Häutung nach dem Winter werden Kinn-, Kehl- und Halsregion grünblau bis „kornblumenblau".

HABICHTSKAUZ

Diese Eulenart wurde im Jahr 2009 wieder im Wienerwald angesiedelt. 101 Vögel wurden damals freigelassen. Bereits eineinhalb Jahre später gab es erstmals wieder natürlichen Nachwuchs. Mittlerweile sind im Wienerwald 40 Jungkäuze geschlüpft.

HIRSCHKÄFER

Mit bis zu 7,5 Zentimetern Länge gehört der Hirschkäfer zu den größten Käfern Europas. Seinen Namen erhielt er aufgrund seiner geweihartig vergrößerten Oberkiefer.

HASELMAUS

Dieser kleine Säuger ist gerade einmal so groß wie ein Daumen und lebt bevorzugt im Unterholz. Aufgrund dieser versteckten Lebensweise ist über die Haselmaus kaum etwas bekannt. Unter Mithilfe der Bevölkerung soll jetzt herausgefunden werden, wo im Wienerwald sie vorkommt und wie die Art gefährdet ist.

TIPP

DIE LESENSWERTESTE LIEBESERKLÄRUNG

111 Menschen, die im Biosphärenpark Wienerwald arbeiten, wohnen oder die etwas Persönliches mit dieser Region verbindet, haben für dieses Buch 111 Kurzaufsätze verfasst. Dabei haben sie nicht nur ihr Wissen und ihre Erfahrungen eingebracht, sie haben vor allem auch ihre Liebe zu dieser einzigartigen Kulturlandschaft mit großzügiger Geste offenbart.

Edition Lammerhuber, 304 Seiten, 59 Euro

DIE SELTENSTEN BEWOHNER

SCHWARZSTORCH

Er ist ein scheuer und seltener Bruder des Weißstorchs. Dass der Schwarzstorch im Wienerwald vorkommt, ist ein Zeichen für die ökologische Qualität. Denn der Schwarzstorch bevorzugt alte, geschlossene Wälder.

SÄGESCHRECKE

Sie gehört zu den seltensten Insekten Europas. Lang glaubte man, dass sich diese Art durch Jungfernzeugung fortpflanzen würde. Stimmt aber nicht.

ZIESEL

Diese Erdhörnchen-Art liebt die Trockenrasengebiete, wie sie im Wienerwald vorkommen. Allerdings ist ihr Bestand enorm gefährdet, auf der Perchtoldsdorfer Heide sind die Erdhörnchen nahezu isoliert.

DIE BESTE HEIMAT

Ihre Namen sind von poetischer Schönheit, sie heißen Kantabrische Winde oder Wiesenknopf-Feuerzikade – zwei Vertreter aus Fauna und Flora, so selten, dass sie in Österreich nur im Wienerwald vorkommen.

Die Trockenrasen des Biospährenparks nennt man im Volksmund auch Steppe oder Heide. Sie sind Lebensraum für viele Pflanzen und Tiere, darunter befinden sich zum Beispiel Adonisröschen, Steinröserl und Große Kuhschelle, aber auch viele verschiedene Orchideenarten bzw. die beeindruckende Sägeschrecke oder die prachtvolle Smaragdeidechse. Das Problem: Die Trockenrasenflächen werden immer seltener, weil die extensive Weidenutzung nach dem Zweiten Weltkrieg aufgegeben wurde und sie vielfach zuwachsen und damit verschwinden.

www.trockenrasen.at

TIPP

DIE GRÖSSTE BEGEISTERUNG

Der große Komponist Ludwig van Beethoven liebte das Leben fern der großen Städte: „Wie leicht ist in jedem Flecken dieses erfüllt! Mein unglückseliges Gehör plagt mich hier nicht. Ist es doch, als ob jeder Baum zu mir spräche auf dem Lande: heilig, heilig! Im Walde Entzücken." So viel Begeisterung! Das grüne Dickicht soll ihn mit seinen Klängen beim Schaffen seiner 6. Symphonie, „der Pastoralen", inspiriert haben, weshalb sie auch als die „Wienerwald-Symphonie" bezeichnet wird.

TIPP

DIE TYPISCHSTE WANDERROUTE

Die Tour auf das Dach des Wienerwalds führt von Laaben über Wiesen leicht bergan, bis der typische Wienerwald mit seinen lichten Laubwäldern beginnt. Ab jetzt wird es steiler, bis das Schöpfl-Schutzhaus erreicht ist. Danach eine feine Kamm-Wanderung fast bis zum Markstein, von dort hinauf zum Gföhlberg. Die letzte Etappe berührt noch zwei Energiepunkte aus der Keltenzeit, das Schwarze und das Rote Kreuz, bevor die Tour am Ausgangspunkt zu Ende geht.

TIPP

DAS KÖSTLICHSTE WASSER

Der Kaiserbrunnberg ist 576 Meter hoch und liegt mitten im Wienerwald. Hier wurde 1957 die Wienflussquelle neu gefasst. Doch schon 75 Jahre zuvor soll Kaiserin Elisabeth von Österreich, besser bekannt als „Sisi", die Quelle in Pressbaum besucht haben. Der Überlieferung zufolge mundete ihr das Wasser so gut, dass sie es sogar für ihren Kaffee nach Schönbrunn bringen ließ. Seit damals heißt die Quelle „Kaiserbründl".

DER BESTE KLANGSAAL

Die festliche Stimmung des Großen Musikvereinssaals lässt den Alltag vergessen. Nach dem ersten Konzert im Jahr 1870 war die Begeisterung groß und sie ist es bis heute geblieben. Der Saal bietet nicht nur das beste Ambiente für Musik, sondern ist selbst Musik.

„Von allen Seiten quellen Gold und Farben ...“, schreibt der Wiener Kritikerpapst Eduard Hanslick (1825–1904). Und sein Kollege Carl Eduard Schelle notiert: „Wäre es möglich, die große Jupiter-Symphonie von Mozart sich in festen, sichtbaren Formen konstruiert zu denken, so würde dieser neue Saal des Musikvereinsgebäudes ein entsprechendes Bild liefern.“ Erdacht hat diesen Saal Architekt Theophil Hansen (1813–1891), nach Eigendefinition ein Verfechter der „griechischen Renaissance“. Sein Gebäude begeistert die Musikfreunde. In der Urkunde zur Schlusssteinlegung heißt es: „Der Tonkunst in Schule und Meisterschaft geweiht, soll dieses Haus sein und bleiben: ein Kunstwerk an sich, eine Heimat der Musik, eine Zierde der Stadt und des Reiches.“ Der Große Musikvereinssaal ist exakt 48,80 Meter lang, 19,10 Meter breit und 17,75 Meter hoch. Die Deckengemälde von August Eisenmenger (1830–1907) zeigen Apollo und die neun Musen. Es gibt 1.744 Sitz- und 300 Stehplätze.

DIE MUSIKFREUNDE

Eine Mitgliedschaft im Musikverein (70 Euro für Erwachsene, 10 Euro für Jugendliche) bietet zahlreiche Vorteile: zehn Prozent Ermäßigung auf Abonnements, ein Kartenvorverkaufsrecht bei allen Gesellschaftskonzerten, die monatliche Zusendung der Zeitschrift „Musikfreunde".

www.musikverein.at

DIE EMPORBRINGUNG DER MUSIK

Dieses Werk stellt Höhepunkte aus der Geschichte der Musikfreunde in Wien vor, also 50 Personen, Ereignisse, Objekte und Fakten, kurz und prägnant.

116 Seiten, 27 Euro, www.musikverein.at

DIE UNTERSCHIEDLICHSTEN MUSIKBÜHNEN

Neben dem Großen Musikvereinssaal gibt es im traditionsreichen Konzerthaus noch sechs weitere Säle, jeder für sich eine Besonderheit.

GLÄSERNER SAAL

Vom Wiener Architekten Wilhelm Holzbauer gestalteter, enorm flexibler Saal – geeignet für Konzertveranstaltungen und erlesene Bankette.

STEINERNER SAAL

Das kleine Juwel, ein Ort, an dem Geschichte lebendig wird. Historische Instrumente und wertvolle Manuskripte sind in die Architektur des Raumes einbezogen. Perfekter Rahmen für Präsentationen, Cocktails und Empfänge.

BRAHMS-SAAL

Als der Brahms-Saal im Oktober 1993 nach umfangreichen Renovierungsarbeiten präsentiert wurde, war die Begeisterung groß: „Um nicht zu viel zu versprechen, es ist der schönste, prunkvollste, repräsentativste Kammermusiksaal geworden, den unsereins irgendwo auf der Welt kennt“, schreibt der Kritiker einer Wiener Tageszeitung. Ursprünglich hieß der Brahms-Saal „Kleiner Saal“. Zur 125-Jahr-Feier der Gesellschaft im Jahr 1937 wurde er nach dem großen Johannes Brahms benannt, der hier oft auf dem Podium gestanden hatte.

METALLENER SAAL

Idealer Raum für moderne Programme; zeitgemäße Klarheit als kreatives Ambiente für innovative Veranstaltungen, ebenfalls von Wilhelm Holzbauer gestaltet.

DIE WICHTIGSTE SAMMLUNG

Im zweiten Stock des Theophil-Hansen-Baus befindet sich das Archiv des Musikvereins. Die dort gelagerten Schätze machen es zu einer der fünf größten und wichtigsten Musiksammlungen der Welt, „vergleichbar nur mit den staatlichen Bibliotheken von Berlin, Wien, London und Washington“. Hier befindet sich auch die Abschrift von Beethovens Eroica-Partitur mit der vom Komponisten ausradierten Widmung an Napoleon.

HÖLZERNER SAAL

Schlichter Raum für kleinere Events; wird gerne für Schulveranstaltungen und Workshops genutzt.

DAS COOLSTE TREFFEN

Was passiert, wenn Barockmusik und Rock 'n' Roll aufeinanderprallen? Warum können Schuhe tanzen und singen? Und welche Abenteuer erlebt eine Geige auf ihrer Reise im Orient? Für Kinder ab sechs Jahren gibt es im Musikverein unter dem Titel „Allegretto" ein buntes und interessantes Programm mit wunderschöner Musik.

So aufregend, so unterhaltsam: Kinder staunen über das bunte Musikprogramm.

DER DIREKTESTE KONTAKT

Für Jugendliche ab 13 Jahren gibt es im Musikverein Konzerte mit einer ganz besonderen Schlusspointe. Wer will, kann nach den 60 bis 75 Minuten dauernden Auftritten direkt auf die Bühne kommen, um die Künstler persönlich kennenzulernen. Alle Informationen gibt es auf der Facebook-Seite des Musikvereins.

www.facebook.com/ musikverein.wien

DIE GRÖSSTE GEMEINSAMKEIT

Der Musikverein bietet verschiedenen Exponenten des Wiener Musiklebens eine Heimat. Im Halbstock residiert mit der Universal Edition ein bedeutender Wiener Musikverlag, zu ebener Erde findet man den Geigenbauer Wilfried Ramsaier-Gorbach, das Ticketbüro der Jugend-Kulturorganisation Jeunesse und die Wiener Klavierfabrik Bösendorfer. Das Musikvereinsgebäude beherbergt außerdem den Wiener Männergesang-Verein, der mit der Uraufführung des Strauss-Walzers „An der schönen blauen Donau“ Musikgeschichte geschrieben hat. Und hier sind natürlich auch die Wiener Philharmoniker daheim, die mit ihrem Neujahrskonzert im Großen Musikvereinssaal die Menschen weltweit begeistern.

www.geigenbauatelier.at
www.wjo.at
www.boesendorfer.com
www.wmgv.at

Der Musikverein: Im Haus sind auch Männergesang-Verein, Klavierfabrik Bösendorfer, ein Geigenbauer und die Jugend-Kulturorganisation Jeunesse daheim.

DER INTERNATIONALSTE

Er ist der beliebteste, der größte, der internationalste Markt Wiens – der Naschmarkt. Wer hier seine Waren anpreist, tut es mit größtem Selbstbewusstsein: „Was es am Naschmarkt nicht gibt, brauchen Sie nicht."

Er ist exakt 2,315 Hektar groß, bietet viel Raum für 123 Marktstände und 35 Plätze für Marktfahrer. Das Angebot ist von faszinierender Vielfalt, selbst wahre Genießer geraten ins Schwärmen: „Wo urtümliches Wien nur wenige Schritte von der Atmosphäre des orientalischen Bazars entfernt ist, wird der Marktbummel zur kulinarischen und kulturellen Weltreise." Schauspieler Peter Simonischek sagt über seinen liebsten Zufluchtsort an der Wienzeile: „Wann i gar ka Zeit hab, irgendwohin zu fahren oder auch nur vor die Tore der Stadt rauszukommen, dann geh ich am Naschmarkt und hab das Gefühl, ich kann zwei Stunden Urlaub machen." Die Geschichte des Naschmarkts geht bis ins 18. Jahrhundert zurück. Geprägt wurde sein heutiges Erscheinungsbild allerdings in den 1910er-Jahren. Wie er zu seinem Namen gekommen ist, ist unklar. Manche vermuten, dass „Naschmarkt" eine Verballhornung von „Aschenmarkt" ist, die sich wegen der köstlichen Leckereien, die es hier gibt, rasch durchsetzte.

TIPP

DER GRÖSSTE FLOHMARKT

1977 wurde neben dem Naschmarkt der Wiener Flohmarkt eröffnet. Auf dem 7.000 Quadratmeter großen Areal im Jugendstilambiente verkaufen am Samstag rund 400 private und gewerbliche Anbieter ihre Waren. Das Angebot ist breit. Es reicht von gebrauchtem Hausrat über Literatur und Musikalien bis hin zu Antiquitäten.

www.wien.at/freizeit/einkaufen/maerkte/flohmarkt

DIE WELTOFFENSTE KÜCHE

Höchst einladend ist die Gastroszene am Naschmarkt. Das „Do-An“ und das „Naschmarkt Deli“ gelten längst als Pioniere. Fischliebhaber kommen im „Umar“, „Fischviertel“, „Nautilus“ und „La Marée“ auf ihre Kosten. Das „Tewa“ bietet biologische Küche, im „Neni“ gibt es israelisch-orientalische Spezialitäten und im „Orient & Occident“ wird türkische Hausmannskost serviert.

DIE INTERESSANTESTEN MÄRKTE

VIKTOR-ADLER-MARKT

1899 gegründet; bietet neben Urfavoritner Schmäh auch besonders laute und leutselige Standler.

HANNOVERMARKT

Bauernmarkt auf 700 Quadratmetern; hieß bis 1930 Brigittamarkt. Angeboten wird ein Potpourri aus heimischen und orientalischen Produkten.

MEISELMARKT

Wurde 1995 abgetragen und in einen ehemaligen Wasserspeicher hineingebaut. Ist der einzige Markt Wiens, der in einer Halle abgehalten wird.

SONNBERGMARKT

Kleiner Markt im 19. Bezirk; neben dem Naschmarkt einer der In-Märkte Wiens.

BRUNNENMARKT

Größter ständiger Straßendetailmarkt Europas mit rund 160 Ständen; gilt als besonders preisgünstig und wird wegen seines multikulturellen Ambientes auch „Orient ums Eck" genannt.

TIPP

DIE LEBENDIGSTE GESCHICHTE

Nach 40-jähriger Pause ist das Marktamtsmuseum 2012 wiedereröffnet worden. In vier Räumen ist am Floridsdorfer Markt alles zu sehen, was die Wiener Märkte geprägt hat. Beeindruckend sind auch die einzelnen Exponate: Hier gibt es Waagen aus dem 19. Jahrhundert, Alkoholvolumsprozentmessgeräte und einen Bienenbetäubungsapparat aus den 1950er-Jahren.

www.wien.at/freizeit/einkaufen/maerkte/geschichte/marktamtsmuseum.html

KARMELITERMARKT

Einer der ältesten bestehenden Märkte Wiens; bis zu 7.500 Besucher täglich, trotzdem beinahe noch ein Geheimtipp.

WIENER MÄRKTE

200 Jahre Wiener Marktgeschichte werden in diesem Buch aus der Reihe Archivbilder von Historiker Hans W. Bousska aufgearbeitet.

Suttonverlag, 128 Seiten, 200 Bilder, 19,95 Euro

DIE FUNKELNDSTE TRAUMWELT

Ein ganz besonderer Markt hat in Wien bereits eine lieb gewonnene Tradition: Im Advent verwandelt sich der Rathausplatz in ein zauberhaftes Winterweihnachtsland, das Groß und Klein begeistert.

Es glitzert in aller Pracht, es duftet nach Leckereien und über allem steht die Vorfreude auf ein stimmungsvolles Fest: Der Rathausplatz mit dem Wiener Christkindlmarkt ist nicht nur für die Wiener ein Fixpunkt im Advent, sondern zieht auch immer mehr Touristen aus aller Welt an. Kein Wunder, denn neben den rund 150 Ständen erwartet die Besucher im Park rundherum der Adventzauber und Kinder sind in Christkindls Werkstatt eingeladen. Darüber hinaus verwandelt sich Wien an vielen Orten in einen wunderbaren vorweihnachtlichen Tummelplatz. Die Auswahl wird immer größer. Hier einige Tipps. Einen Überblick über Wiens Adventmärkte und viel mehr findet man im Internet unter:

www.wien-event.at

ALTES AKH

Beliebter Treffpunkt mit Romantik-Appeal für jüngeres Publikum. Lässig: die beiden Eisstockbahnen mitten im Weihnachtsdorf.

ALTWIENER CHRISTKINDLMARKT

Handwerkskunst, traditionelle Krippen und feine Keramik gibt es beim Markt auf der Freyung. Hier gab es übrigens schon 1772 einen ersten Christkindlmarkt.

TIPP

DIE ADVENTZAUBER-APP

Eine Romantik-Tour für Frischverliebte, eine Kinder- und Familientour auf den Spuren des Wiener Christkindls oder eine Kulinarik-Tour: Wer wissen will, was beim Adventzauber auf dem Rathausplatz los ist, lädt die Gratis-App zum Wiener Adventzauber auf sein Handy (für iOS und Android). Neben allen wichtigen Infos gibt es dort auch Christkindls Fototool, das aus jedem Bild eine Weihnachtspostkarte macht.

SPITTELBERG

Idyllisch ist die Atmosphäre im Advent in den Gässchen des Spittelbergs. Viel Handwerk, viel Kulinarik – seit 2015 mit eigenem Weihnachtspostamt und eigener Briefmarke.

SCHÖNBRUNN

Imperiale Kulisse für einen romantischen Advent – mit Weihnachtswerkstatt für Kinder, Konzerten für Erwachsene und einer Verwandlung zum Jahreswechsel: Da wird der Advent- zum Neujahrsmarkt.

DER INTERNATIONALSTE MARKT

DIE ENTSPANNTESTE STADTOASE

Quicklebendig einerseits, ein ruhiger Rückzugsort andererseits: Das MuseumsQuartier ist beides, ein pulsierendes Kunst- und Kulturareal und ein Platz zum Chillen in einmaliger Atmosphäre.

Das heutige MuseumsQuartier hat wahrlich viel erlebt: einst kaiserliche Hofstallung, 1725 im Auftrag Kaiser Karls VI. (1685–1740) fertiggestellt. Dann Bollwerk gegen die 1809 anstürmenden Franzosen. Manege für die weltberühmte Kunstreiterin Elise Petzold zur Zeit von Kaiserin Elisabeth (1837–1898). Ab 1921 fungierte es als Ausstellungsgelände für die Wiener Messe. In den 1980er-Jahren kam es zu ersten Diskussionen um die künftige Nutzung des zentral gelegenen Gebäudekomplexes. 2001 wurde es als Museumsviertel eröffnet. Seither lieben alle den neuen Hotspot und seine ungewöhnliche Möblierung im Freien: Die „Enzis“, entwickelt von den Architekten Anna Popelka und Georg Poduschka, sind perfekt zum Entspannen. Das MuseumsQuartier ist eines der weltweit größten Kunstgrätzel und beherbergt unter anderem das Leopold Museum, die Kunsthalle Wien und das Architekturzentrum.

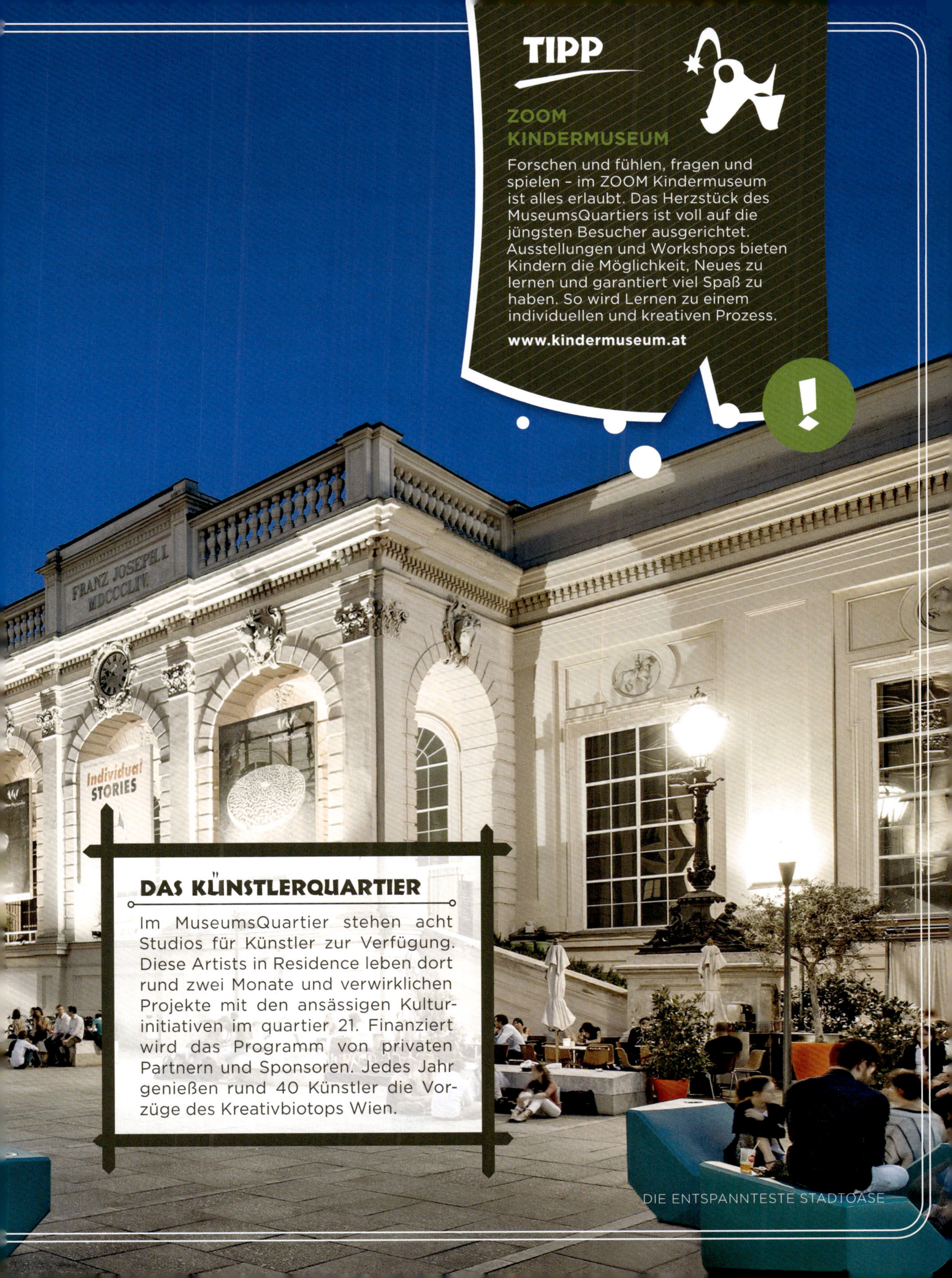

TIPP

ZOOM KINDERMUSEUM

Forschen und fühlen, fragen und spielen – im ZOOM Kindermuseum ist alles erlaubt. Das Herzstück des MuseumsQuartiers ist voll auf die jüngsten Besucher ausgerichtet. Ausstellungen und Workshops bieten Kindern die Möglichkeit, Neues zu lernen und garantiert viel Spaß zu haben. So wird Lernen zu einem individuellen und kreativen Prozess.

www.kindermuseum.at

DAS KÜNSTLERQUARTIER

Im MuseumsQuartier stehen acht Studios für Künstler zur Verfügung. Diese Artists in Residence leben dort rund zwei Monate und verwirklichen Projekte mit den ansässigen Kulturinitiativen im quartier 21. Finanziert wird das Programm von privaten Partnern und Sponsoren. Jedes Jahr genießen rund 40 Künstler die Vorzüge des Kreativbiotops Wien.

DIE CHILLIGSTEN ORTE AM WASSER

Der Donaukanal ist mit seinen vielen coolen Lokalen der perfekte Platz, um den Sommer richtig zu genießen. Nur wenige Schritte von der City entfernt, entfaltet sich hier eine einzigartig vielfältige Strandpromenade.

Wer allerdings glaubt, Strandleben und Badeschiff seien eine Erfindung der späten 1990er-Jahre, der irrt. Das gab es alles schon im 19. Jahrhundert. Und nach dem Ende des Zweiten Weltkriegs sprach sich eine Arbeitsgruppe erneut dafür aus, das sonnige Kanalufer im zweiten Bezirk als Freizeitpromenade zu nutzen. Heute ist das Realität: „Adria Wien" lockt mit Thai Street Food und Boccia-Bahnen, der „Tel Aviv Beach" mit israelischer Küche, feinem Sand und chilligen DJs, gleich daneben das Wiener Schützenhaus, ein Jugendstil-Juwel von Otto Wagner. Auf der gegenüberliegenden Seite befinden sich unter anderen Lokalen die „Strandbar Herrmann", das Badeschiff, das „Motto am Fluss" und die „summerstage".

WIENER SCHÜTZENHAUS

In dem Jugendstil-Juwel von Otto Wagner werden traditionelle Schmankerln aus den Kronländern der Donaumonarchie serviert.

MOTTO AM FLUSS

Bei der Anlegestation des Twin City Liners gelegen; die fürs Frühstücken perfekten Plätze auf der Terrasse sind heiß begehrt.

SUMMERSTAGE

Traumhafte Terrasse – laue Abende lassen sich hier wunderbar genießen; überrascht der Regen, ab in den Glaspavillon.

STRANDBAR HERRMANN

Kühle Cocktails, Hängematten, Liegestühle und jede Menge Sand, um die Füße darin zu vergraben.

ADRIA WIEN

Wer's besonders entspannt mag, spielt im „Adria Wien“ Boccia – entweder wie am Strand im lockeren Sand oder auf einer größeren Fläche nach internationalen Turnierregeln.

BADESCHIFF

Wer auf dem Oberdeck genug Sonne getankt hat und im Outdoor-Pool geschwommen ist, verzieht sich in den Bauch des Schiffes – zur Kegelbahn.

TEL AVIV BEACH

Israelische Küche, lässig variiert, dazu chilliger DJ-Sound und natürlich Sand – fürs Sommerfeeling.

DER DONAUKANAL

Judith Eibelmayr und Peter Payer zitieren in ihrem Buch „Der Donaukanal. Die Entdeckung einer Wiener Stadtlandschaft“ den großen Schriftsteller Friedrich Torberg (1908–1979), der schon seinerzeit befand: „Wien liegt am Donaukanal und nicht an der Donau.“ Das Buch gibt einen spannenden Einblick in seine Geschichte.

Metroverlag, 160 Seiten, 25 Euro

TIPP

AUF ZUM VOLLEYBALL

Wer nicht nur chillen, sondern sich auch sportlich betätigen will, kann Beachvolleyball spielen – zwei top ausgestattete Plätze machen es möglich. Und diese können bis 23 Uhr genutzt werden. Online-Reservierung absolut empfehlenswert.

www.sandinthecity.at

DER GRÖSSTE STRANDCLUB

Im Sand unter Palmen relaxen wie im Urlaub – der größte Strandclub der Stadt macht's von April bis September möglich. Insgesamt 13 unterschiedliche Bars erfüllen einem auch die exotischsten Wünsche. Seit Kurzem gibt es bei „Sand in the City" neben dem Konzerthaus sogar ein Haubenrestaurant, in dem angeblich „Wiens wildeste Küche" zu finden ist.

ÖSTERREICHS GRÖSSTE SHOPPINGMEILE

Wie Wien das große Erbe mit den Bedürfnissen der Gegenwart kreativ verbindet, zeigt am besten die Mariahilfer Straße. Erst hieß sie Kremser Straße, dann Bayerische Landstraße, später Laimgrubner Hauptstraße und Mariahilfer Hauptstraße. Erst 1897 wurde sie nach der einstigen Vorstadt schlicht Mariahilfer Straße genannt. 1,9 Kilometer ist sie außerhalb des Gürtels lang, 1,8 Kilometer innerhalb – und dieser Teil wurde im Jahr 2015 zur Fußgängerzone umgewandelt. Im Volksmund liebevoll „Mahü" genannt, entwickelte sich die größte Shoppingmeile der Stadt zu einem lässig entspannten Boulevard, den täglich bis zu 70.000 Menschen entlangflanieren.

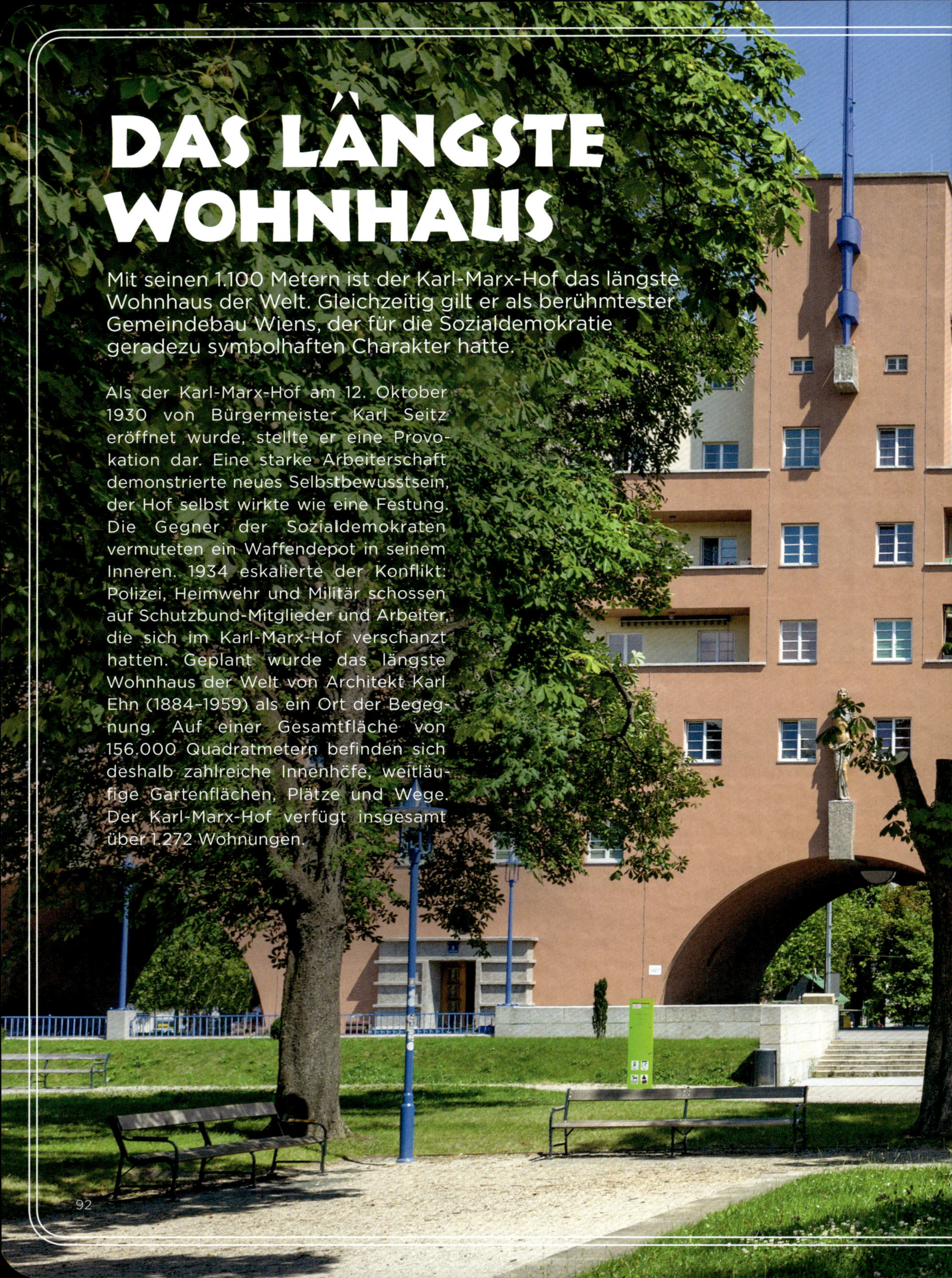

DAS LÄNGSTE WOHNHAUS

Mit seinen 1.100 Metern ist der Karl-Marx-Hof das längste Wohnhaus der Welt. Gleichzeitig gilt er als berühmtester Gemeindebau Wiens, der für die Sozialdemokratie geradezu symbolhaften Charakter hatte.

Als der Karl-Marx-Hof am 12. Oktober 1930 von Bürgermeister Karl Seitz eröffnet wurde, stellte er eine Provokation dar. Eine starke Arbeiterschaft demonstrierte neues Selbstbewusstsein, der Hof selbst wirkte wie eine Festung. Die Gegner der Sozialdemokraten vermuteten ein Waffendepot in seinem Inneren. 1934 eskalierte der Konflikt: Polizei, Heimwehr und Militär schossen auf Schutzbund-Mitglieder und Arbeiter, die sich im Karl-Marx-Hof verschanzt hatten. Geplant wurde das längste Wohnhaus der Welt von Architekt Karl Ehn (1884–1959) als ein Ort der Begegnung. Auf einer Gesamtfläche von 156.000 Quadratmetern befinden sich deshalb zahlreiche Innenhöfe, weitläufige Gartenflächen, Plätze und Wege. Der Karl-Marx-Hof verfügt insgesamt über 1.272 Wohnungen.

TIPP

DAS ROTE WIEN IM WASCHSALON

Im Waschsalon Nr. 2 des Karl-Marx-Hofes informiert eine Ausstellung über die aufregende Zeit der 1920er- und frühen 1930er-Jahre. Der kommunale Wohnbau war damals von besonderer Bedeutung. In knapp zehn Jahren wurden über 380 Gemeindebauten mit mehr als 64.000 Wohnungen errichtet.

www.dasrotewien-waschsalon.at

DIE BUNTESTE WOHNWELT

Ein Künstler, der sein Haus mit Zündholzschachteln skizziert. Ein Wohnpark mit Pools auf dem Dach und ein Haus auf Stelzen: Wiens Wohnwelt ist von beeindruckender Vielfalt – hier ausgewählte Beispiele.

Es war Friedensreich Hundertwasser (1928–2000), der sein Projekt mit 50 Zündholzschachteln skizzierte. Aus einem einfachen Grund: Er war zwar Künstler, ein höchst geschätzter noch dazu, aber kein Architekt. Für die korrekte Planung benötigte er deshalb fachkundige Unterstützung, um sein „Haus für Menschen und Bäume“ wachsen zu lassen. Später arbeitete Hundertwasser selbst mehr als ein Jahr auf der Baustelle, 1986 wurde es schließlich übergeben. Neben dem Hundertwasser-Haus, das längst zur vielbesuchten Touristenattraktion geworden ist, gibt es in Wien noch viele weitere beeindruckende Bauten.

WERKBUNDSIEDLUNG

Die von Architekt Josef Frank erdachte Werkbundsiedlung in Hietzing gilt als eines der wichtigsten Beispiele der Moderne. Die Siedlung bestand ursprünglich aus 70 kleinen Einfamilienhäusern, die von 33 verschiedenen Architekten entworfen worden waren. Heute sind noch 64 Einfamilienhäuser erhalten.

GASOMETER

615 Wohnungen wurden in den vier ehemaligen Gasbehältern bei einem umfangreichen Umbau um die Jahrtausendwende geschaffen. Jeder Gasometer wurde von einem anderen Architekten gestaltet: Der Franzose Jean Nouvel legte die Wohnungen sternförmig an (Gasometer A), die Wiener „Coop Himmelb(l)au“ ergänzten Gasometer B um einen „Schild“, ein 18-stöckiges Wohngebäude. Manfred Wehdorn baute die Wohnungen über einer Glaskuppel (Gasometer C) und Wilhelm Holzbauer setzte in Gasometer D auf viel Grün.

DAS KLEINSTE HAUS

Wiens kleinstes Haus steht an der Ecke Burggasse/ Breite Gasse. Es wurde 1872 von Architekt Josef Durst erbaut. Das Minihaus hat einen Grundriss von nur 14 Quadratmetern.

WOHNANLAGE LEOPOLDAUER STRASSE 168

Jean Nouvel, der schon den Gasometer A neu gestaltete, schuf auch eine beeindruckende Wohnanlage in der Leopoldauer Straße 168. Markant, mit einem E-förmigen Grundriss, verströmt der Komplex in Floridsdorf angenehm mediterranes Flair.

WOHNPARK ALT-ERLAA

Auf dem Dach des Wohnparks Alt-Erlaa gibt es insgesamt sieben Pools. Die intensiv begrünten Balkons wurden in Anlehnung an eines der sieben Weltwunder bereits als „Harry Glücks hängende Gärten“ bezeichnet. Kein Wunder, dass die Bewohner ihre Stadt in der Stadt lieben – eine Studie hat die hohe Wohnzufriedenheit längst bestätigt.

WOHNSIEDLUNG PILOTENGASSE

1989–1992 nach den Plänen von Jacques Herzog & Pierre de Meron, Otto Steidle & Partner und Adolf Krischanitz errichtet. Die Architekten entwarfen individuelle Häuser, die sich in lang gestreckten und gekrümmten Zeilen anordnen.
Die Fassaden wurden nach einem Konzept von Oskar Putz gefärbelt.

ZAHA-HADID-HAUS

Sie gilt als eine der berühmtesten Architekten weltweit. Zuletzt plante sie den neuen WU-Campus, doch Zaha Hadid war auch schon zuvor in Wien aktiv. 2005 wurde das von ihre geplante, spektakulär anmutende Wohnhaus übergeben.
Allerdings: Die Begeisterung hielt sich in Grenzen, Mieter zogen wieder aus. Heute wird es an Studenten vermietet.

DAS LÄNGSTE WOHNHAUS

DIE GRÖSSTE HAUSVERWALTUNG

Wiener Wohnen ist mit 220.000 Haushalten die größte Hausverwaltung Europas. Seit Jahrzehnten macht es Wohnen in Wien für alle leistbar. Auch in Zukunft ist der Bau von neuen Gemeindewohnungen geplant.

13.441.914

Quadratmeter Fläche vermietet Wiener Wohnen. Das entspricht einer Größe von rund 1.829 Fußballfeldern. In den rund 2.000 Gemeindebauten wohnt übrigens rund eine halbe Million Menschen.

7.600

Aufzüge gibt es in Wiener Gemeindebauten.

17.000

Stiegenhäuser müssen von 1.600 Hausbesorgern sauber gehalten werden.

5.200

Waschküchen mit 5.700 Waschmaschinen und 460 Bügelmaschinen stehen den Mietern zur Verfügung.

1.800.000

Sträucher und 67.000 Bäume wachsen auf den Grundstücken. Dieser Bestand entspricht der Zahl an Bäumen und Sträuchern bei der Aufforstung der Donauinsel

74

Wohnungen hat der zuletzt errichtete Wiener Gemeindebau. Er stammt aus dem Jahr 2004 und befindet sich in der Rößlergasse in Liesing.

1.726.000

Quadratmeter Gehwege und befestigte Flächen werden von den Hausbesorgern betreut.

SPAZIERGANG DURCH DIE JAHRHUNDERTE

Vom ältesten Haus Wiens bis zum modernsten neuen Stadtteil, der aspern Seestadt: In Wien lassen sich alle Epochen erleben.

TIPP

STADTGESCHICHTE

Wie wurde Wien zur Metropole? Wie sah Wien auf alten Karten aus? Was steckt hinter den Straßennamen? Fundierte Antworten auf diese Fragen und viele mehr findet man im Internet. Hörenswert ist eine Audio-Stadtführung durch Wien.

www.wien.at/kultur/archiv/geschichte

GOTIK

Die Heumühle im 4. Bezirk gilt als der älteste Profanbau Wiens. Wann sie tatsächlich errichtet wurde, lässt sich allerdings nicht genau festlegen. Einige der Bauteile dürften aber bereits Anfang des 13. Jahrhunderts existiert haben, die Heumühle dürfte damals Teil eines Bürgerspitals gewesen sein. Ebenfalls auf das 13. Jahrhundert geht der Steyrerhof in der Griechengasse 4 zurück. Das Fuhrmann-Haus im 14. Bezirk ist das Gebäude mit den ältesten Grundmauern Wiens. Diese stammen noch aus der Römerzeit.

RENAISSANCE

Das Palais Niederösterreich in der Herrengasse war bis zur Übersiedlung nach St. Pölten 1997 Sitz von Landesregierung und Landtag, heute wird es zu Repräsentationszwecken verwendet. Aus der Renaissancezeit erhalten sind die Kapelle, das Gotische Zimmer und ein Portal.

BAROCK

Palais Auersperg und Palais Fürstenberg, Palais Liechtenstein und Palais Kinsky – kaum ein bekanntes Palais, das nicht im Barock errichtet wurde. Ebenfalls aus dieser Epoche sind: Hofstallungen, Gloriette, Michaelertrakt der Hofburg und Kapuzinergruft.

KLASSIZISMUS

Das Josephinum, heute Sitz des Instituts für Geschichte der Medizin.

BIEDERMEIER, GRÜNDERZEIT

Theater in der Josefstadt, von dem Biedermeier-Architekten Joseph Kornhäusel (1782–1860) errichtet.

HISTORISMUS

Die Wiener Ringstraße ist das weltweit bedeutendste architektonische Ensemble des Historismus. Burgtheater, Justizpalast, Parlament und Rathaus zählen dazu.

JUGENDSTIL

Bis heute gilt die Secession, 1898 von Joseph Maria Olbrich errichtet, als eines der berühmtesten Gebäude des Jugendstils. Das Bild der Stadt wurde aber von zwei anderen Architekten geprägt: Otto Wagner (unter anderem mit Stadtbahn und Postsparkasse) und Josef Hoffmann (mit Villen im 19. Bezirk).

MODERNE

Als „Haus ohne Augenbrauen“ wurde das Looshaus am Michaelerplatz, benannt nach seinem Architekten Adolf Loos (1870–1933), bezeichnet. Der Grund dafür: Die damals üblichen Fensterverdachungen fehlten völlig. Kaiser Franz Joseph soll das zentrale Bauwerk der Wiener Moderne als so „scheußlich“ empfunden haben, dass er die Hofburg-Ausfahrt am Michaelerplatz nicht mehr benutzte.

HEUTE

Der neue Campus der Wiener Wirtschaftsuniversität ist der aktuell größte Universitätsneubau Europas. Eröffnet wurde er im Oktober 2013 nach 45 Monaten Bauzeit. Geplant wurde er von sechs internationalen Stararchitekten. Während hier die Arbeiten abgeschlossen sind, wird an der aspern Seestadt noch gebaut. Dort werden rund um einen fünf Hektar großen See leistbare Wohnungen für 20.000 Menschen geschaffen. Es ist aktuell eines der größten Stadtbauprojekte Europas.

DER SÜFFIGSTE WEIN

Wien gilt als einzige Hauptstadt der Welt, in der Weinbau von echter Bedeutung ist. Mit der Renaissance des Wiener Gemischten Satzes DAC dürfen sich Genießer über ein ausgezeichnetes und gschmackiges Tröpferl freuen.

Er ist einer der traditionsreichsten Weine Österreichs. Seit dem Jahrgang 2013 genießt der Wiener Gemischte Satz DAC-Status. Damit wird garantiert, dass er ausschließlich aus Wien stammt und seine hohe Qualität durch strenge Regeln gesichert ist. Dazu gehört, dass er aus einem Wiener Weingarten stammt, der zumindest mit drei Rebsorten bepflanzt ist, die gemeinsam gelesen und verarbeitet werden. Der größte Sortenanteil einer Rebsorte darf nicht höher als 50 Prozent sein und der drittgrößte Anteil muss zumindest zehn Prozent umfassen. Der vorhandene Alkoholgehalt ist mit höchstens 12,5 Volumenprozent am Etikett anzugeben, der Wein darf keinen stark wahrnehmbaren Holzeinsatz vorweisen und muss trocken sein. Die Wiener Winzer setzen

WEINGÄRTEN UNTER DENKMALSCHUTZ

Seit dem 23. Dezember 2014 werden Wiens Weingärten besonders geschützt. Rechtlich ist bestimmt, dass Rebflächen bewirtschaftet werden müssen. Damit sind die Weingärten vor dem Zugriff von Immobilienspekulanten geschützt. Für dieses Gesetz, quasi ein Denkmalschutz für Weingärten, haben die Wiener Winzer jahrelang gekämpft.

übrigens bereits seit dem 19. Jahrhundert auf edle Rebsorten wie Riesling, Rotgipfler, Weißburgunder und Traminer. Diese wurden gemischt ausgepflanzt, die Trauben gemeinsam verarbeitet. Mit den Jahren drohte diese Wiener Besonderheit verloren zu gehen. Zum Glück glaubte Weinbaulegende Franz Mayer an den Gemischten Satz und füllte ihn – entgegen dem vorherrschenden Trend zur Reinsortigkeit – weiter ab. Mit der Verleihung des DAC-Status für den Wiener Gemischten Satz wurde seine Hartnäckigkeit belohnt.

WEISSBURGUNDER 8%

TRAMINER 2%

CHARDONNAY 6%

WEISS SCHLÄGT ROT

Auf einer Fläche von rund 6,6 Millionen Quadratmetern, das entspricht rund 925 Fußballfeldern, wird in Wien der edle Rebensaft kultiviert. Wobei der Weißwein mit einem Anteil von 5:1 den Rotwein klar schlägt.

SAUVIGNON BLANC 2%

Der Trend zu leichten fruchtigen Weißweinen zeitigte auch für Wien, wo ohnehin schon immer überwiegend weiße Sorten gekeltert worden waren, Auswirkungen. Zuletzt stieg der Anteil um fünf Prozent.
Am beliebtesten ist nach wie vor der **Grüne Veltliner (27 Prozent)**, der **Gemischte Satz** holt aber zunehmend auf **(25 Prozent)**. Auf Platz 3 liegt der **Rheinriesling**.
Bei den Rotweinsorten dominiert klar der **Zweigelt (39 Prozent)** vor dem **Blauen Burgunder (16 Prozent)** und dem **Merlot (9 Prozent)**. Kultiviert werden die Wiener Weingärten von 190 Winzern, fast die Hälfte aller Weingärten befindet sich in Döbling.

NEUBURGER 1%

SONSTIGE 9%

WELSCHRIESLING 4%

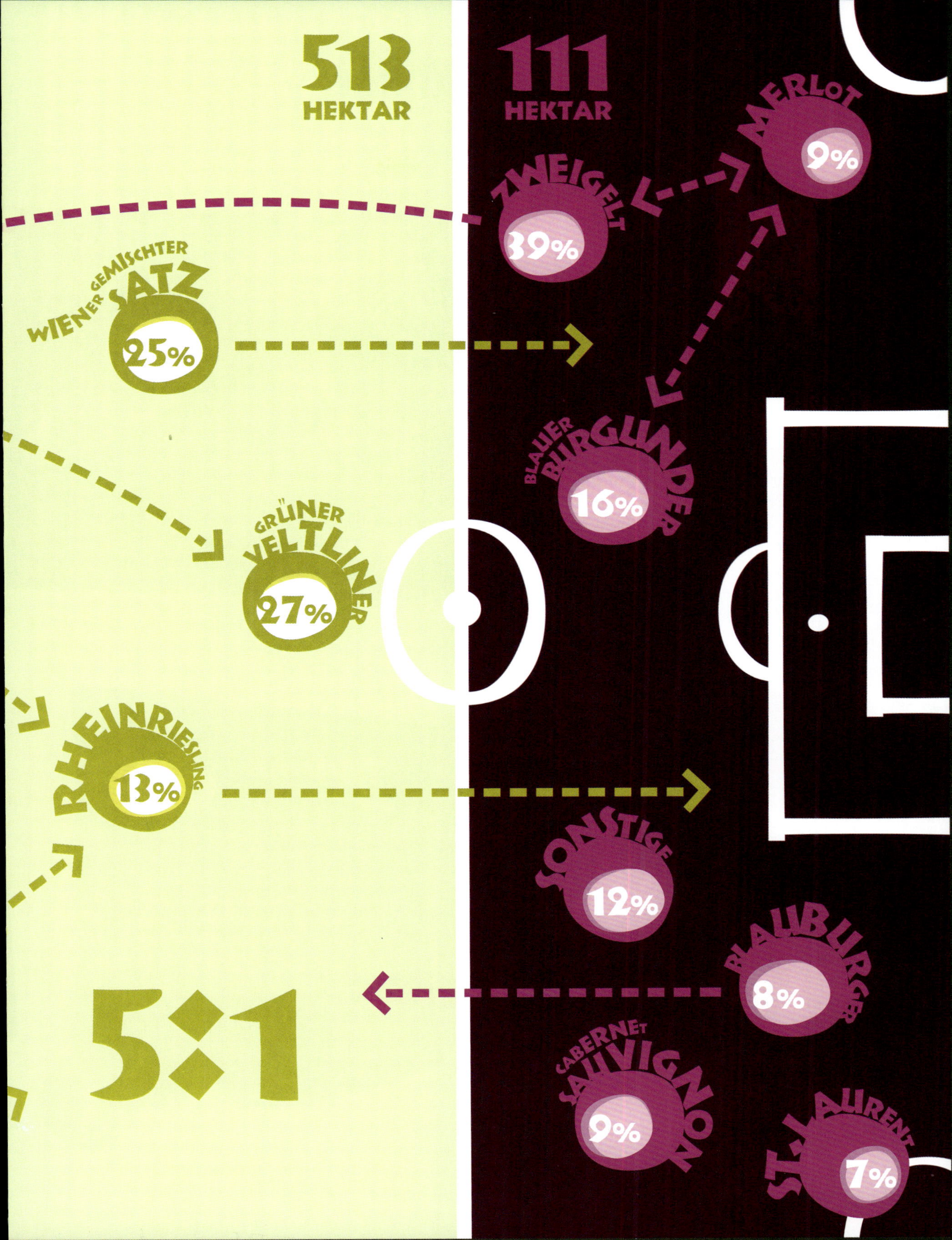
513
HEKTAR
111
HEKTAR
MERLOT
9%
ZWEIGELT
39%
WIENER GEMISCHTER SATZ
25%
BLAUER BURGUNDER
16%
GRÜNER VELTLINER
27%
RHEINRIESLING
13%
SONSTIGE
12%
BLAUBURGER
8%
5:1
CABERNET SAUVIGNON
9%
ST. LAURENT
7%

DER EINZIGARTIGE HEURIGE

Wien ohne Heurige, das wäre wie ein Gulasch ohne Saft. Der Heurige ist ein Platz zum Wohlfühlen, ein Platz zum Genießen, ein Platz, um die Seele baumeln zu lassen – und mittendrin der Wirt, der Winzer.

Die Geschichte des Wiener Heurigen reicht bis ins 18. Jahrhundert zurück. Vor 231 Jahren erließ Kaiser Josef II. eine Verordnung, die den Winzern erlaubte, Wein aus eigener Erzeugung auszuschenken. Heute gibt es in der Stadt insgesamt 140 Betriebe, die wie damals mit einem Föhrenbuschen verkünden, dass „ausg'steckt" ist. 14 davon dürfen das Gütesiegel Wiener Top-Heuriger tragen und verkörpern die wachsende Zahl an Spitzenproduzenten in der Stadt.

TIPP

DIE WIENER TRAUBE

Eine köstliche Alternative zum Wein ist die Wiener Traube, seit 2007 eine eigene Marke. Fruchtig süß, ohne Zuckerzusatz, alkoholfrei und ausschließlich aus Trauben der Region gepresst sind nur einige der Kriterien, die der Traubensaft erfüllen muss. Verwendet werden vor allem die früh reifenden Sorten Müller Thurgau, Frühroter Veltliner oder Blauburger.

TIPP

14 TOP-HEURIGE

Um in die Liga der Top-Heurigen aufzusteigen, müssen die Winzer zahlreiche strenge Auflagen erfüllen. 14 Betriebe dürfen dieses Gütesiegel tragen. Wer dabei ist, kann im „Wiener Top Heurigen Guide“ nachgelesen werden. Den Führer gibt es als Download.

www.wienerwein.at

WAS EINEN ECHTEN HEURIGEN AUSMACHT

- Der Wein stammt ausschließlich aus eigenem Anbau.
- Der Heurige ist der Wein der letzten Ernte. Er ist leicht, süffig und bekömmlich.
- Ergänzend zum Wein werden Trauben- und Fruchtsäfte serviert oder typische Wiener Erfrischungsgetränke wie das Kracherl angeboten.
- Das Speisenangebot besteht aus regional- und heurigentypischen Gerichten.
- Der Wiener Heurige ist traditionell unter Verwendung von natürlichen Materialien ausgestattet. Die Verwendung des Henkelglases unterstreicht die Originalität.

Aus dem Leitbild der Wiener Top-Heurigen

DER WIENER HEURIGE

DAS WICHTIGSTE KULTURERBE

Seit 2001 ist das historische Stadtzentrum von Wien Weltkulturerbe. Die UNESCO würdigte es in seiner Erklärung als überragendes Zeugnis „eines fortwährenden Wandels von Werten während des 2. Jahrtausends".

Die drei Hauptperioden europäischer Kultur und politischer Entwicklung – Mittelalter, Barock und Gründerzeit – sind in Wien in Form außergewöhnlicher Bauwerke vertreten. Konkret umfasst das historische Zentrum Wiens die Innere Stadt sowie Areale von Schloss Schwarzenberg, Schloss Belvedere und dem Kloster der Salesianerinnen am Rennweg.
Die Kernzone ist rund 3,7 Quadratkilometer groß und umfasst 1.600 Objekte. Die umgebende Pufferzone dehnt sich über 4,6 Quadratkilometer aus und besteht aus rund 2.950 Objekten. Darüber hinaus würdigte die UNESCO Wien auch deshalb, weil die Stadt seit dem 16. Jahrhundert weltweit als die musikalische Hauptstadt Europas anerkannt ist.

BLICK IN DIE ZUKUNFT

Aktuell leben im historischen Zentrum Wiens auf rund drei Quadratkilometern mehr als 16.000 Menschen, 100.000 arbeiten hier. Dazu kommt, dass die Stadt in den nächsten Jahren weiter wachsen wird – eine Herausforderung in Bezug auf den Status als Weltkulturerbe. Im Stadtentwicklungsplan 2025 wurden dementsprechend Ziele für die erfolgreiche Entwicklung Wiens definiert. Eines der wesentlichsten lautet: Der Schutz des wertvollen kulturellen Erbes steht zwar an erster Stelle, aber ebenso wesentlich ist die Einbindung der historischen Bausubstanz in einen lebendigen Stadtorganismus.

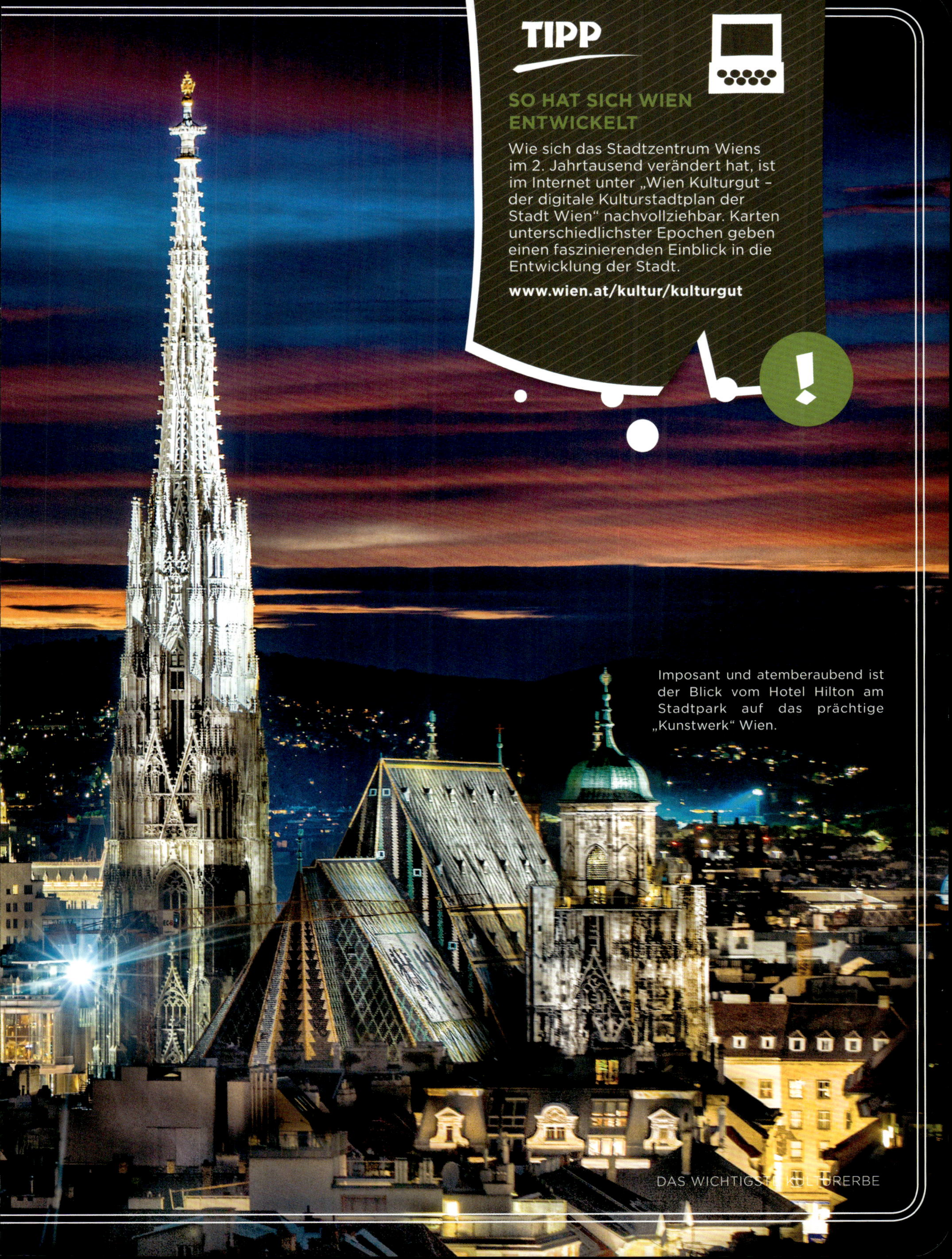

TIPP

SO HAT SICH WIEN ENTWICKELT

Wie sich das Stadtzentrum Wiens im 2. Jahrtausend verändert hat, ist im Internet unter „Wien Kulturgut – der digitale Kulturstadtplan der Stadt Wien" nachvollziehbar. Karten unterschiedlichster Epochen geben einen faszinierenden Einblick in die Entwicklung der Stadt.

www.wien.at/kultur/kulturgut

Imposant und atemberaubend ist der Blick vom Hotel Hilton am Stadtpark auf das prächtige „Kunstwerk" Wien.

DIE SCHÖNSTEN SEHENSWÜRDIGKEITEN

Die Innere Stadt ist kein Museum – im Gegenteil: Zwar sind die kirchlichen und profanen Prachtbauten ein Muss für Touristen, doch die City ist gleichzeitig das pulsierende Zentrum einer Weltmetropole.

Wer die Geschichte Wiens durchwandeln will, kann innerhalb des Rings und seines Umfelds auf eine faszinierende Zeitreise gehen. Die Kirche Maria am Gestade und die Michaelerkirche, Burgtheater und Belvedere – in der UNESCO-Erklärung werden zahlreiche bedeutende Wiener Bauwerke genannt. Hier eine Auswahl der Highlights.

MARIA AM GESTADE

Gotische Kirche in der Nähe des Donaukanals. Erste direkte Erwähnung im Jahr 1200. Sie war die traditionelle Kirche der Donauschiffe.

MINORITENKIRCHE

Grundsteinlegung nach dem Stadtbrand von 1275. Der böhmische König Ottokar Premysl wurde hier nach seinem Tod in der Schlacht auf dem Marchfeld (26. August 1278) 30 Wochen aufgebahrt.

HOFBURG

1273 erstmals urkundlich erwähnt, den Grundstein soll aber bereits Herzog Leopold VI. (1176–1230) gelegt haben – immer wieder verändert und ausgebaut, weshalb hier viele historische Epochen zu finden sind. Heute Sitz des Bundespräsidenten.

PARLAMENT

Nach einem Entwurf von Theophil von Hansen (1813–1891) im neoklassizistischen Stil errichtet. Die erste Plenarsitzung fand am 4. Dezember 1883 statt.

SCHOTTENKLOSTER

Im Jahr 1155 von Heinrich II. Jasomirgott gegründetes Benediktinerkloster (1107–1177). Er holte schottische Mönche nach Wien, daher auch der Name des Klosters.

RATHAUS

Von 1872 bis 1883 errichtet. Die Pläne stammen von Friedrich Schmidt, der zuvor schon zahlreiche andere Bauten in Wien verwirklicht hat.

STEPHANSDOM

Eines der Wahrzeichen Wiens. Der Südturm ist 136,4 Meter hoch, der Nordturm wurde nicht fertiggestellt und misst nur 68 Meter. Hier befindet sich auch die Pummerin, die traditionell das neue Jahr einläutet.

MICHAELERKIRCHE

Von 1219 bis 1221 errichtet, eine der ältesten Kirchen Wiens. Bekannt vor allem wegen ihrer Gruft, in der manche Leichen wegen des besonderen Klimas nicht verwesten, sondern mumifiziert wurden.

BELVEDERE

Von Johann Lucas von Hildebrandt (1668–1745) für Prinz Eugen von Savoyen (1663–1736) erbautes Schloss. Im Oberen Belvedere wurde am 15. Mai 1955 der Österreichische Staatsvertrag unterzeichnet.

BURGTHEATER

Wurde am 14. Oktober 1888 mit Grillparzers „Esther“ und Schillers „Wallensteins Lager“ eröffnet. Das neubarocke Gebäude brannte nach einem Bombenangriff 1945 aus. Zehn Jahre später wurde es wiedereröffnet.

DIE GRÖSSTEN GESTALTER

Wien ist nicht nur eine Stadt großer Gebäude, sondern auch großer Künstler. Auch diese würdigt die UNESCO in ihrer Erklärung. Die Auswahl ist schwierig, hier ein Versuch.

Viele kreative Menschen haben Wien geprägt – als Baumeister und Architekten, als Komponisten und bildende Künstler. Sie machen Wien zu dem, was es heute ist. Ihr reiches Schaffen hat bis in die Gegenwart große Wirkung. Auch dieser Tradition gilt es, sich bewusst zu sein. Nicht nur in den großen etablierten Häusern im Herzen der Weltkulturerbe-Insel Innere Stadt, sondern wo immer es nur möglich ist.

GUSTAV MAHLER

Komponist, Dirigent, Operndirektor
1860–1911

OSKAR KOKOSCHKA

Maler, Grafiker, Schriftsteller
1886–1980

GUSTAV KLIMT

Bekanntester Vertreter des Jugendstils
1862–1918

JOHANNES BRAHMS

Komponist, Pianist, Dirigent
1833–1897

ADOLF LOOS

Architekt, Kulturpublizist
1877–1933

ANTON BRUCKNER

Komponist, Organist
1824–1896

WOLFGANG AMADEUS MOZART

Komponist
1756–1791

JOHANN BERNHARD FISCHER VON ERLACH

Barockarchitekt
1656–1723

DIE BEKANNTESTE FLANIERMEILE

Bis 1974 drängten sich Autos vierspurig durch die Kärntner Straße, heute ist es nahezu unmöglich, sie sich nicht als Fußgängerzone vorzustellen. Anfangs heftigst kritisiert, genießen Wiener und Touristen heute die Kärntner Straße als Flaniermeile inmitten der Stadt. Gemeinsam mit Graben und Kohlmarkt bildet sie heute das „Goldene U".

DIE MEISTEN EISSALONS

In Wien wird mehr Eis geschleckt als in Italien, der Heimat des Gelato. Kein Wunder, dass Österreich die größte Eissalondichte Europas hat – mit je einer Eisdiele auf 15.000 Einwohner.

Erst Ende des 17. Jahrhunderts wurde „Gefrorenes“ in Wien bekannt, blieb aber dem Adel vorbehalten. Der hohe Preis verhinderte auch später, als es bereits Schokoladeeis gab, eine weitere Verbreitung. Erst als Italiener dazu übergingen, mit rot-weiß gestrichenen Wagen Eis im Straßenverkauf anzubieten, erfuhr es einen Popularitätsschub. Dank des größeren Umsatzes sank auch der Preis deutlich. Der sogenannte „Gfrornesmann“ wurde nach dem Zweiten Weltkrieg endgültig von den Eissalons, die es seit Anfang des 20. Jahrhunderts gibt, verdrängt.

Bei der Produktion haben aber noch immer die Italiener die Nase vorn: „Rund ein Viertel des von den Österreichern konsumierten Eises wird von italienischen Gelaterias produziert“, sagt Silvio Molin Pradel. Er ist Sprecher der österreichischen Eissalons und Chef des renommierten Eissalons am Schwedenplatz. In Wien gibt es übrigens mehr als 50 italienische Eissalons.

TIPP

DAS VEGANE GEFRORENE

Vor wenigen Jahren noch nahezu unbekannt, heute schon weitgehend Standardrepertoire: veganes Eis. Die absoluten Spezialisten sind allerdings die Schwestern Cecilia Havmöller und Susanna Paller mit „Veganista“ in der Neustiftgasse: „Unsere Produktion hat noch nie Tierprodukte wie Eier oder Milch gesehen.“ Eine ihrer mehr als hundert Kreationen: Orange-Safran-Olive.

DIE BEKANNTESTEN GELATERIAS

Silvio Molin Pradels Eissalon am Schwedenplatz ist der älteste Wiens und mit Sicherheit einer der bekanntesten. Seine Geschichte begann damit, dass ein italienischer Holzfäller nach Transsilvanien auswandern wollte.

Arcangelo Molin Pradel hatte Pech. Die Firma ging 1885 in Konkurs. Er musste zurück, konnte sich aber nur eine Fahrt bis Wien leisten. Ein Jahr später gründete er die erste Speiseeiserzeugung, verkauft wurde per Eiswagerl. Kaiser Franz Joseph schmeckte das, weil so Wien mit Paris konkurrieren konnte, wo Eis damals gerade absolut en vogue war. Im Jahr 1906 eröffnete die Familie Molin Pradel ihren ersten Eissalon, allerdings noch in der Alserbachstraße, erst 1932 übersiedelten sie auf den Schwedenplatz.

PAOLO BORTOLOTTI

Kam vor mehr als 50 Jahren nach Wien und eröffnete seinen ersten Eissalon, führt mittlerweile alleine auf der Mariahilfer Straße vier Eissalons, einen weiteren „Bortolotti" gibt es in der Thaliastraße.

EISSALON TUCHLAUBEN

1962 von der Familie Perizzolo aus Trient gegründet, händische Verarbeitung: „Das heißt, wir schälen jede einzelne Banane, entblättern die Erdbeeren, pressen die sonnengereiften Zitronen." Zustelldienst für zu Hause und Büro.

EIS-GREISSLER

Andrea und Georg Blochberger produzieren ihr Eis im niederösterreichischen Krumbach. Die Basis, die Milch, liefern die Bio-Kühe des heimischen Hofes. Mittlerweile führen sie zwei Filialen in der Rotenturm- und in der Mariahilfer Straße.

GELATERIA HOHER MARKT

Fabio De Prophetis ist „seit knapp 20 Jahren Herz, Hirn und Garant für Qualität in der Gelateria" (Eigendefinition). Kreiert beeindruckende Becher, serviert köstliche fruchtige Sorbets.

EISSALON AM SCHWEDEN-PLATZ

Legendärer Eissalon der Familie Molin Pradel aus dem Zoldotal, aus dem nahezu alle italienischen Eismacher kommen. Die Familie kultiviert eine moderne Version des Eiswagerls und verblüfft mit besonderen Eissorten wie Griechischer Joghurt, Grüner Tee oder Songcontest Schokomarille.

TIPP

DIE ERSTE EIS-APP

Silvio Molin Pradel bietet mit seinem Eissalon am Schwedenplatz auch die erste Eis-App Wiens an. Hier kann Eis nicht nur bestellt werden, User können auch ihren persönlichen Eistyp bestimmen. Gibt es für iOS und Android.

ZANONI & ZANONI

Startete mit einem Eissalon am Lugeck und gehört heute zu den wichtigsten Playern im Wiener Eisgeschäft. Betreibt mittlerweile mehrere Filialen.

TICHY

1952 eröffneten Kurt und Marianne Tichy in einem Kellerlokal in Simmering ihren ersten Eissalon, versorgten per Eiswagerl Gärtner und Siedler in der Umgebung. 1955 erfolgte die Übersiedelung auf den Reumannplatz; 1967 ließ Kurt Tichy sich die „Eismarillenknödel" patentieren. Seit 1999 führt Kurt jun. die Geschäfte.

WO DIE EISMACHER HERKOMMEN

In Wien wird rund die Hälfte der Eissalons von Gelatieri aus den Dolomiten, konkret dem Zoldotal, geführt. Die Dörfer führen ein beschauliches Dasein, bis im Oktober die große Rückkehr erfolgt. Silvio Molin Pradel: „Nach einiger Zeit im Zoldotal beginne ich Wien zu vermissen. Und in Wien träume ich bald wieder von den Dolomiten. Eine ewige Sehnsucht."

DIE BELIEBTESTEN SORTEN

DIE WICHTIGSTEN TRENDS

Platz eins in der Trend-Hitparade geht an Cookies. Besteht aus Milch und Keksstückchen, kommt extrem gut an und hat schon fast den Sprung zu den Klassikern im Eissalon geschafft. Aufsteiger der Saison: „Österreichische Schokolade", die aus dunklem Schokoladeeis mit Marillenmarmelade besteht.

Gemacht werden viele der Trends bei der jährlichen Eismesse im italienischen Longarone in den Dolomiten. Worüber dort zuletzt diskutiert wurde?

Über Broteis, salziges Macadamiaeis und Tomateneis mit Basilikum, auch mit frittiertem Eis wird bereits experimentiert. Silvio Molin Pradel beispielsweise kreierte bereits Curryeis mit Rosinen und Nüssen.

DAS „BERÜHMTESTE KONZERT"

Mehr als 50 Millionen Menschen in über 90 Ländern begrüßen regelmäßig das neue Jahr mit Walzerklängen aus Wien: Das Neujahrskonzert der Wiener Philharmoniker ist das berühmteste Konzert der Welt. Und selbst in den Hitparaden ist es regelmäßig Nummer eins.

Von A wie Albanien bis V wie Vanuatu, von Moldawien bis zu den Cook Islands, Tansania oder Barbados – die Live-übertragung aus dem Musikvereinssaal erfreut sich weltweit seit Jahrzehnten steigender Beliebtheit, 1969 wurde es vom ORF übrigens erstmals in Farbe ausgestrahlt. Gespielt wird „ein heiteres und zugleich besinnliches Programm aus dem reichen Repertoire der Strauss-Dynastie und deren Zeitgenossen", wie es Vertreter der Wiener Philharmoniker gerne formulieren.

TIPP

KARTEN WERDEN VERLOST

Trotz der hohen Eintrittspreise von bis zu 1.090 Euro ist die Nachfrage für die drei Konzerte zum Jahreswechsel enorm. Deshalb werden die Karten für die Voraufführung (am 30. Dezember), das Silvester- und das Neujahrskonzert verlost. Wer zwischen 2. Jänner und 28. Februar maximal zwei Tickets bestellt, darf hoffen, die Wiener Philharmoniker live zu erleben.

Verlosung im Internet:
www.wienerphilharmoniker.at/neujahrskonzert/karteninformationen

DIE GENIALSTEN DIRIGENTEN

In der langen Geschichte der Neujahrskonzerte der Wiener Philharmoniker sind 15 Dirigenten ans Pult getreten. Der absolute Rekordhalter ist Willi Boskovsky, der das Neujahrskonzert insgesamt 25 Mal leitete.

ZUBIN MEHTA

Nach Boskovsky und Maazel ist Zubin Mehta, Jahrgang 1936, der Mann mit den meisten Dirigaten. Der aus einer vermögenden indischen Familie stammende Geiger schwang zuletzt im Jahr 2015 im Musikvereinssaal den Taktstock.

WILLI BOSKOVSKY

Kurz vor dem Neujahrskonzert 1955 wurde beschlossen, die künstlerische Leitung Konzertmeister Willi Boskovsky (1909–1991) zu überlassen. Eine Entscheidung, die sich als Glücksgriff erwies: 25 Mal, so oft wie niemand vor und niemand nach ihm, dirigierte Boskovsky das Neujahrskonzert und prägte es nachhaltig: „In seinem Lager war jenes Alt-Österreich, das es außerhalb nostalgischer Wunschträume nur im Zauber der Strauss'schen Musik gibt", schwärmen die Philharmoniker noch heute.

CLEMENS KRAUSS

Trotz eines jahrelangen Streits mit den Wiener Philharmonikern, der erst anlässlich seines 50. Geburtstages mit der Verleihung des Ehrenrings der Philharmoniker beigelegt wurde, ist er der Gründungsdirigent des Neujahrskonzerts, das erstmals am 1. Jänner 1941 stattfand. Er leitete es bis 1945, musste dann auf Anordnung der Alliierten zwei Jahre pausieren, trat aber ab 1948 (bis 1954) wieder ans Dirigentenpult.

TIPP

ANNA BEIM NEUJAHRSKONZERT

Dieses Buch erzählt (inklusive einer Audio-CD), wie die neunjährige Anna ihr erstes Neujahrskonzert erlebt – und das an der Seite ihres Opas, der jahrelang in dem berühmten Orchester gespielt hat.

WPH, 24 Seiten, 18,90 Euro

HERBERT VON KARAJAN

Er war bereits zu Lebzeiten eine Legende: Herbert von Karajan (1908–1989) dirigierte das Neujahrskonzert der Wiener Philharmoniker nur ein einziges Mal – da diese den Entschluss gefasst hatten, den künstlerischen Leiter jährlich zu wechseln. Sein Auftritt ist heute noch vielen als unvergesslich in Erinnerung.

LORIN MAAZEL

Er galt als Wunderkind, dirigierte bereits mit neun Jahren ein großes Orchester. Mit 82 wurde er Chefdirigent der Münchner Philharmoniker. Dazwischen führte der in Frankreich geborene US-Musiker (1930–2014) ein reiches Leben. Eine seiner wichtigsten Stationen: die Wiener Philharmoniker. Als Boskovsky aus gesundheitlichen Gründen für das Neujahrskonzert 1980 absagen musste, wurde Maazel berufen. Er blieb bis 1986, kam in den 1990er-Jahren wieder und dirigierte 2005 das letzte Mal.

WEITERE TAKTGEBER

Josef Krips (1946, 1947)
Claudio Abbado (1988 und 1991)
Carlos Kleiber (1989 und 1992)
Riccardo Muti (1993, 1997, 2000, 2004)
Nikolaus Harnoncourt (2001, 2003)
Seiji Ozawa (2002)
Mariss Jansons (2006, 2012)
Georges Prêtre (2008, 2010)
Daniel Barenboim (2009, 2014)
Franz Welser-Möst (2011, 2013)

DAS BERÜHMTESTE ORCHESTER

Die Faszination, die die Wiener Philharmoniker auf ihr Publikum weltweit ausüben, ist einzigartig. Der deutsche Dirigent Hans Knappertsbusch bezeichnete die virtuosen Musiker einst zu Recht als „die Unvergleichlichen".

Die Geburtsstunde der Wiener Philharmoniker schlug am 28. März 1842. An diesem Tag dirigierte Otto Nicolai (1810–1849) ein „Großes Concert". An dieser „Philharmonischen Academie" nahmen alle Musiker des k.k. Hof-Operntheaters teil. Und erstmals wurden an diesem 28. März alle Prinzipien der noch immer gültigen „Philharmonischen Idee" verwirklicht: Nur ein in der Staatsoper angestellter Musiker kann Mitglied der Philharmoniker werden, deren Hauptversammlung trifft alle Entscheidungen demokratisch und die Verwaltungsarbeit wird von einem zwölfköpfigen Komitee geführt.

DER RADETZKYMARSCH

Ein Neujahrskonzert ohne Radetzkymarsch – heute undenkbar, oder doch nicht? Tatsächlich wurde er 2005 im Gedenken an die Opfer der Bebenkatastrophe vom 26. Dezember 2004 in Asien nicht gespielt. Traditionellerweise ist der Radetzkymarsch die letzte und dritte Zugabe, bei der das Publikum im Takt mitklatscht. Komponiert wurde der Marsch von Johann Strauss Vater, identisch mit der Urfassung ist die aktuelle Version nicht. Diese von Leopold Weninger arrangierte Konzertversion weist eine reichhaltigere Instrumentierung auf. Gespielt wurde die Urversion zuletzt im Jahr 2001, als Nikolaus Harnoncourt dirigierte. Er eröffnete mit der „einfacheren" und beschloss das Neujahrskonzert mit der von Weninger arrangierten.

TIPP

DAS KAPPERL DER PHILHARMONIKER

Für alle, die ihre Begeisterung für die Wiener Philharmoniker mit der ganzen Welt teilen möchten: das Kapperl mit Logo in zwei Farben und allen Größen.

www.wienerphilharmoniker.at/shop/bekleidung

DAS BERÜHMTESTE KONZERT

DIE MUSIKER MIT HERZ

Die Wiener Philharmoniker spendeten seit 1999 mehr als 2,5 Millionen Euro – unter anderem für „Licht ins Dunkel“, das Rote Kreuz, Amnesty International und Landminenopfer, gemäß Ludwig van Beethovens Motto für die „Missa Solemnis“: „Von Herzen – möge es wieder zu Herzen gehen.“

DAS GRÖSSTE BAD

Mehr als 30.000 Menschen genießen im Gänsehäufel an heißen Tagen Abkühlung. Das Freibad, auf einer Insel in der Alten Donau gelegen, ist mit 330.000 Quadratmetern das größte seiner Art in Europa. Erobert wurde es von einem außergewöhnlichen Mann.

Die Donau war über Jahrhunderte ein wilder, ungezähmter Strom, bis im Jahr 1862 ein Frühjahrshochwasser die Wende brachte. Die Schäden waren so verheerend, dass Kaiser Franz Joseph eine Regulierung der Donau verfügte, die 1875 abgeschlossen wurde und den Fluss in Wien völlig veränderte. Der Floridsdorfer Arm, bis dahin der Hauptstrom, wurde zu einem sechs Kilometer langen Altarm, der Alten Donau, mit mehreren Inseln. Eine war der „Kleine Gänshaufen", der von Bauern als Weideplatz für ihre Gänse genutzt wurde. ▶

EIN WIENER ORIGINAL

Lange Haare, langer Bart, in der rechten Hand eine lange Pfeife, meist nur mit einem weißen Schurz bekleidet. So herrschte Florian Berndl über sein Gänsehäufel – tatsächlich sollte dem gebürtigen Waldviertler die Idylle durchaus seinen Lebensunterhalt sichern. Postkarten zeigen ihn braun gebrannt auf einer Zille: „Allen Naturfreunden seien die schon durch mehrere Jahre erprobten Luft-, Sonnen-, Sand- und Wasserbäder empfohlen."

Urlaubsidylle mitten in der Stadt: Hier genießen die Wiener paradiesische Badefreuden.

Die schnatternden Gänse am „Haufen", wienerisch für „angeschwemmte Insel", gaben im Volksmund der Insel ihren Namen „Gänsehaufen", ist in der Chronik nachzulesen. Und weil der Wiener im Dialekt seine Zuneigung gerne durch eine Verkleinerungsform ausdrückt, wurde aus dem „Haufen" das „Gänsehäufel". Ein Eiland, das Intellektuelle gegen Ende des 19. Jahrhunderts als persönliches Paradies entdeckten.
Bis Florian Berndl (1856–1934) kam. Der Naturheilkundler aus dem Waldviertel pachtete das Gänsehäufel im Jahr 1900, zog mit seiner Frau und seinen Söhnen in eine Hütte, die Villa Berndl, und lebte dort ganz nach seinen Vorstellungen von einer natürlichen Lebensweise. Als Luft- und Sonnenbad wurde das Gänsehäufel ebenso rasch populär wie umstritten. Vor allem, dass Frauen und Männer gemeinsam baden durften, war Kritikern nicht geheuer. 1905 wurde der Pachtvertrag annulliert, das Original Florian Berndl musste verschwinden, kehrte aber wieder zurück, als Oberbadewärter im am 5. August 1907 eröffneten „Strandbad der Commune Wien am Gänsehäufel". In den folgenden Jahrzehnten wuchs seine Beliebtheit stetig. Heute kommen an Spitzentagen Zigtausende Menschen. Der Rekordwert am Lido von Wien: 32.352 Besucher (am 28. Juli 2013). Und viele davon halten es wohl mit Rainhard Fendrich, der in seinem Hit „Strada del Sole" sang: „I steh' aufs Gänsehäufel, auf Italien pfeif' i!"

Historische Aufnahmen aus dem Gänsehäufel: Dass Männer und Frauen gemeinsam badeten, war noch Anfang des 20. Jahrhunderts vielen Zeitgenossen nicht geheuer.

TIPP

DIE UNBERÜHRTE NATUR

Jahrzehntelang war ein ehemaliger Bootsteich im Gänsehäufel sich selbst überlassen. In dieser Zeit entwickelte er sich zu einem Öko-Juwel, das faszinierende Einblicke in Fauna und Flora möglich macht. Heute heißt der Teich Erlebnis-Biotop Libella. Ausgerüstet mit Keschern und Kübeln können Kinder dort die faszinierende Wasserwelt erkunden.

www.gaensehaeufel.at/libella

DAS LOBAUFETZERL

Wer in den 1920er- und 1930er-Jahren in Wien nackt baden wollte, musste damit rechnen, von der Polizei kontrolliert zu werden. Um sich zumindest annähernd gesetzestreu zu bedecken, gab es das „Lobaufetzerl", ein schlichtes Stück Stoff, um zumindest die besonders heiklen Stellen zu verhüllen. Später sorgte erst der Bikini, in den 1950er-Jahren, dann die „Oben ohne"-Bewegung, die in Wien Ende der 1970er-Jahre im Krapfenwaldl ihren Ausgangspunkt hatte, für Aufregung.

DAS GRÖSSTE JUWEL

Das Amalienbad ist ein wahres Juwel unter den Bädern Wiens.

Erbaut wurde diese wunderschöne Badeanstalt in Favoriten in den Jahren 1923 bis 1926 nach Plänen von Otto Nadel und Karl Schmalhofer. Benannt ist es nach Amalie Pölzer, der Frau des legendären Favoritner Politikers Johann Pölzer. Mit der Errichtung wollte man den Arbeitern die Möglichkeit zur Körperpflege geben und gleichzeitig das Schwimmen als sportlich-schöne Gegenwelt zu Wirtshaus und Alkohol präsentieren. Nachdem das Amalienbad im Zweiten Weltkrieg durch Bombentreffer schwer beschädigt worden war, wurde es bereits im Februar 1948 wiedereröffnet. Zuletzt wurde die Badeanstalt 2012 generalsaniert, für das neue Lichtdesign gab es bereits mehrfach Auszeichnungen.

TIPP

DIGITAL INS BAD

Auf Wiener Boden gab es bereits vor 2.000 Jahren Bäder. Heute gilt die Stadt als eine der Metropolen, die das größte Angebot an öffentlichen Frei- und Hallenbädern aufweisen. Alle Standorte, Preise, Öffnungszeiten und Kursangebote finden sich im Internet.

www.wien.at/freizeit/baeder

DAS LETZTE TRÖPFERLBAD

Das Volksbad 16 in Ottakring ist das letzte seiner Art – ein Tröpferlbad. Einst wurden diese Tröpferlbäder jedes Jahr von Millionen Menschen besucht.

Am 22. Dezember 1887 wurde das erste Wiener Volksbad eröffnet. Und zwar in Neubau. Eine absolute Novität in Europa. Errichtet, um die katastrophalen Wohn- und Hygieneverhältnisse deutlich zu verbessern. 18 dieser Brausebäder wurden bis zum Ersten Weltkrieg in Wien errichtet. Als „Tröpferlbäder" wurden sie rasch populär. Woher diese Bezeichnung kommt? Sie wurden so massiv beansprucht, dass das Wasser oft nur spärlich, quasi tröpfchenweise, floss. 1914 wurden 3,5 Millionen Besucher gezählt. Mit steigendem Wohnkomfort sank auch die Zahl der Tröpferlbäder. Heute existiert nur noch das Volksbad 16 in der Friedrich-Kaiser-Gasse in Ottakring.

DIE ÄLTESTE SCHWIMMHALLE

Das Jörgerbad wurde im Mai 1914 als „Kaiser-Franz-Joseph-Bad" eröffnet und ist heute das älteste, noch in Betrieb befindliche Hallenbad Wiens.

Ähnlich wie das Amalienbad wurde auch das Jörgerbad in Hernals mit einem Glasdach errichtet, das sich auf einer Fläche von 16 x 9 Metern öffnen lässt. Doch das ist nicht die einzige Besonderheit: Erstmals wurden beim Wiener Bäderbau mit der Errichtung eines eigenen Beckens auch die Kinder berücksichtigt. Außerdem wurde hier erstmals die Geschlechtertrennung aufgehoben – womit Familien gemeinsam baden konnten. Bei der Sanierung in den 1970er-Jahren wurde das im nahen Pezzlpark befindliche Kinderfreibad miteinbezogen, weshalb das Jörgerbad seit rund vier Jahrzehnten Hallen- und Freibad ist.

DER KREATIVSTE DESIGNER

Helmut Lang auf dem berühmten halbierten Bild der großen österreichischen Fotografin Elfie Semotan.

AUSTRIAN FASHION DESIGN

Einen Streifzug durch die außergewöhnliche Geschichte der österreichischen Modeszene, von der Historie bis hin zu den heutigen Shooting Stars, bietet dieses Standardwerk.

Verlag Brandstätter, 271 Seiten, 39,90 Euro

2005 sagte Helmut Lang, Jahrgang 1956, dem Mode-Business endgültig ade, um sich ganz der Kunst zu widmen. Trotzdem gilt der Wiener bis heute als einer der einflussreichsten Designer - und zwar weltweit.

Er begeisterte mit gelacktem Tweed und holografischen Goldstoffen, er verwendete Fallschirm-Strapse und Pferdehaar, verhalf dem weißen T-Shirt erneut zum Kult-Status und entwarf „den ultimativen Parka", wie manche meinen. Helmut Lang hat das Mode-Business spätestens seit seiner ersten Show in Paris im Frühjahr 1986 nachhaltig beeinflusst und tut es immer noch. Die Branche und alle einflussreichen Medien überschlugen sich in Superlativen. „Helmut Lang stand für eine neue Art der Ehrlichkeit, die das Individuum nicht mit kreativen Statements überschwemmte, sondern diskret in den Hintergrund trat, um den Auftritt der Persönlichkeit zu unterstützen", schrieb Ingeborg Harms in der renommierten FAZ*. Und die anerkannte Modejournalistin Brigitte R. Winkler erinnert sich in ihrem Essay* über Helmut Lang, dass es während der Modewochen in Paris einen Standardsatz gab: „Lasst uns zum Helmut gehen, damit wir wissen, wie es in der Mode weitergeht." 2005 zog sich Lang aus dem Modegeschäft zurück, lebt seither als Künstler in East Hampton. Tatsächlich ist sein Einfluss auch heute noch in zahlreichen Kollektionen seiner Nachfolger sichtbar.

* zitiert nach Austrian Fashion Design, Brandstätter Verlag

DIE CHARMANTESTE MODEMETROPOLE

„Wiener Mode" – ein weltweit wohlklingender Begriff. Er stand für erstklassiges Material, ausgezeichnete Handarbeit, Eleganz und Charme. Ende des 19. Jahrhunderts entstanden in Wien die ersten bedeutenden Modehäuser.

Dank des faszinierenden Porträts von Franz Xaver Winterhalter (1805–1873), der Kaiserin Sisi 1865 im berühmten Sternenkleid malte, ist einer der frühen Höhepunkte der Haute Couture für immer festgehalten. Entworfen wurde dieses Meisterwerk vom Engländer Charles Frederick Worth (1826–1895). Ein Bild mit Symbolwert. Denn es zeigt, welche Bedeutung Mode am Hof hatte. Nur wer zu dieser Zeit adelige Kundschaft hatte, hatte Bedeutung. Tatsächlich entstanden die ersten Salons Ende des 19. Jahrhunderts, das Maison Spitzer zählte ebenso dazu wie das Modehaus Ludwig Zwieback. Ab 1892 erfüllte auch Emanuel Braun die Wünsche der Aristokratie, bediente aber auch alle Burgschauspieler. Weitere Wiener Salons: Bohlinger & Huber, Christoph Drecoll, Ignaz Bittmann, Stone & Blyth, Gertrude Höchsmann, Franz Faschingbauer und Berta Farnhammer. Das Mode-Atelier Knize etablierte sich in den 1920er-Jahren als erstes Herrenmode-Label weltweit. Oskar Kokoschka bezahlte hier seine Anzüge mit Bildern, Billy Wilder und Maurice Chevalier ließen sich hier ebenfalls einkleiden. Marlene Dietrich trug bei ihren Shows Knize-Fracks und Marilyn Monroe orderte Blusen. In der Nachkriegszeit wurde Fred Adlmüller (1909–1989) zum Synonym für hochwertige Mode aus Österreich.

Links: Sommeranzug, wie er um 1890 getragen wurde
Unten: Federhut mit weiß gefärbten Hahnenfedern, um 1885
Rechts: Hofkleid aus dem Besitz der Schauspielerin und Freundin von Kaiser Franz Joseph, Katharina Schratt, 1888

TIPP

DIE GRÖSSTE SAMMLUNG

Das Wien Museum Karlsplatz besitzt mit mehr als 20.000 Objekten eine der umfangreichsten Mode-Sammlungen Europas. Der Schwerpunkt der Sammlung liegt auf der Damenkleidung des 19. und 20. Jahrhunderts, wobei hier vor allem Gesellschafts-, Abend- und Ballkleider dominieren.

www.wienmuseum.at

Links: Turftoilette, um 1900 – gemeint war damit ein extravagantes Kleid für den Rennplatz
Rechts: Sommerstiefeletten, um 1870

DIE WICHTIGSTE ERFINDUNG

Für die Arbeit der Schneider war die Erfindung der Nähmaschine von unschätzbarem Wert, beschleunigte sie doch den aufwendigen Arbeitsprozess deutlich. Bis heute gilt Josef Madersperger (1768–1850) als Vater der Nähmaschine. Seine persönliche Tragik: Sein Geld reichte nicht, um dafür eine Fabrik zu bauen. Er starb völlig verarmt und wurde auf dem Sankt Marxer Friedhof in einem Massengrab beigesetzt.

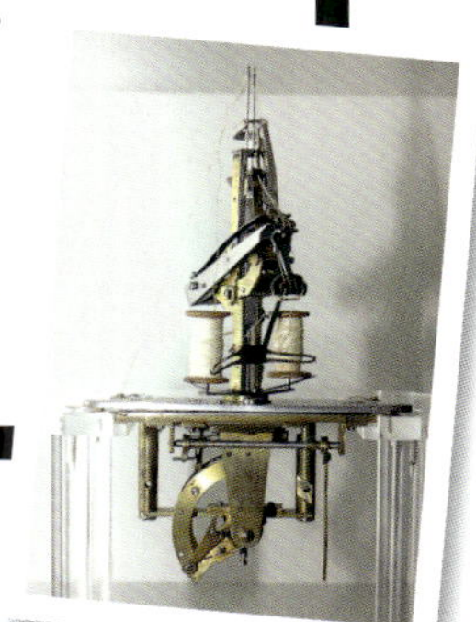

DIE BESTE AUSBILDUNG

Einzigartig ist die Ausbildung an der Modeschule Hetzendorf. Sie bietet eine ausgewogene Kombination aus künstlerischen, handwerklichen und theoretischen Fächern in Verbindung mit einer fundierten Allgemeinbildung und wird mit der Reife- und Diplomprüfung abgeschlossen. Die Wiener Mode- und Kunstschule Herbststraße geht auf die 1873 gegründete k. k. Kunststickerei zurück. Kunsthandwerk und Industrie sollten durch bestens geschulte Fachkräfte neue Impulse erhalten. Heute steht die Herbststraße für kreative Vielfalt in Mode und Kunst und bietet eine dementsprechend vielfältige Ausbildung an.

Prächtiges rotes Kleid, beinahe dekonstruierter grauer Mantel – Kreationen von Herbststraße-Schülern; Arbeiten von Hetzendorf-Schülern

DIE COOLSTEN KLEIDER

Die Wiener Kreativachse zieht sich von Fred Adlmüller über Helmut Lang bis zu den zahlreichen Modedesignern der Gegenwart, die sich daran machen, die Laufstege der Welt zu erobern.

LENA HOSCHEK

Verhalf der Sanduhr-Silhouette zu einem fulminanten Comeback; aktuell erfolgreichste österreichische Designerin.

SUSANNE BISOVSKY

Österreichs bekannteste Haute-Couture-Designerin; schaffte es, mit traditionellen Design-Elementen Hochmodernes zu kreieren.

PETER PILOTTO

Schlagartig berühmt geworden durch ungewöhnliche Farbkombinationen; arbeitet heute von London aus.

RANI BAGERIA

Tirolerin mit indischen Wurzeln; beschreibt ihren Stil als modern und mysteriös, luxuriös und avantgardistisch.

DIMITRIJE GOJKOVIC

Absolvierte an der Hochschule für angewandte Kunst die Modeklasse von Hussein Chalayan; steht für Minimalismus mit maximaler Liebe zum kleinsten Detail.

FEMME MAISON

Wiener Luxus-Label von Franziska Fürpass und Sia Ali-Pour-Kermani; steht für einen unverwechselbaren Minimalismus.

MARINA HÖRMANSEDER

Gründete erst 2013 ihr eigenes Label; fasziniert mit Korsetts und Lederkleidern.

ATIL KUTOGLU

Mehrfach ausgezeichneter Designer; seit den frühen 1990er-Jahren erfolgreich.

DER HÖCHSTE BERG

Mit 542 Metern ist der Hermannskogel der höchste Berg Wiens und gleichzeitig die wichtigste Erhebung des Kahlengebirges. Auf dem Gipfel befindet sich die 27 Meter hohe Habsburgwarte.

Zahlreiche Sagen ranken sich um diesen Berg. Doch auch die Realität birgt spannende Geschichten. Der Hermannskogel gilt als germanischer Götterberg, 1683 lagerte hier das Entsatzheer, das die zweite Türkenbelagerung beendete. Und er war bis 1918 der sogenannte Fundamentalpunkt, von dem aus Österreich-Ungarn vermessen wurde. Anlässlich des 40-jährigen Thronjubiläums von Kaiser Franz Joseph stiftete der Österreichische Touristenklub die Habsburgwarte. Gebaut nach Plänen des Architekten Franz von Neumann, wurde sie 1889 eröffnet und 1972 schließlich unter Denkmalschutz gestellt.

TIPP

DER EMPFEHLENSWERTE STADTWANDERWEG

Der Stadtwanderweg 2 führt von der Endstelle der Autobuslinie 39A in Sievering über das Häuserl am Stoan und den Grüass Di a Gott Wirt auf den Hermannskogel und über Cobenzl, Gspöttgraben und Sieveringer Straße zurück zum Ausgangspunkt. Der Weg von rund zehn Kilometern kann in drei bis vier Stunden zurückgelegt werden.

www.wien.at/umwelt/wald/freizeit/wandern/wege/wanderweg2.html

DAS BRÜNNL VOLLER GEHEIMNISSE

Anfang des 19. Jahrhunderts gab es um das Agnesbrünnl, das sich nahe der am Fuß des Hermannskogels gelegenen Jägerwiese befindet, einen regelrechten Kult. Tausende Menschen kamen täglich hierher, weil sie glaubten, von dem Wasser der Quelle die Lottozahlen ablesen zu können. Der „Unfug", wie historische Beobachter das Treiben nannten, ging dann so weit, dass die Quelle für Jahre zugeschüttet wurde. Erst Jahrzehnte später wurde sie geöffnet. 1941 wurde die Quelle in einem Brunnenhäuschen gefasst.

DER SCHÖNSTE BLICK

Wer Wien von oben bewundern will, „erklimmt" am besten den Kahlenberg oder Leopoldsberg. Auch wenn sie nicht zu den höchsten Erhebungen der Stadt gehören, ist der Ausblick schlicht grandios.

Mit 484 Metern ist der Kahlenberg die elfthöchste Erhebung Wiens, der Leopoldsberg landet mit 425 Metern auf Platz 25 der höchsten Gipfel der Stadt. Letzterer markiert das Ende der Alpen und bildet gemeinsam mit dem Bisamberg die Wiener Pforte, durch die die Donau in das Wiener Becken eintritt. Kurioserweise hieß der Leopoldsberg ursprünglich Kahlenberg, Zwischen 1130 und 1136 wurde er erstmals als „Chalwenberge" erwähnt. Diese Bezeichnung dürfte auf den kahlen Felsabhang zur Donau zurückzuführen sein. Die Umbenennung in Leopoldsberg erfolgte nach dem Sieg bei der Schlacht am Kahlenberg gegen die Türken. Kaiser Leopold I. ließ eine von den Osmanen zerstörte Kapelle wieder errichten und dem heiligen Leopold weihen – worauf der Berg Leopoldsberg genannt wurde. Sein Nachbar, wegen der vielen dort beheimateten Wildschweine Sauberg genannt, wurde in Kahlenberg umgetauft.

TIPP

DIE PERFEKTE TOUR

Wer beiden Bergen seine Aufwartung machen will, folgt am besten dem Stadtwanderweg 1a. Dieser führt vom Nussdorfer Platz über das Kahlenbergerdorf auf den Leopoldsberg und danach entlang der Höhenstraße zum Kahlenberg. Retour geht es über die Kahlenberger Straße und den Waldbachsteig zum Nussdorfer Platz. Der Weg ist elf Kilometer lang, die Gehzeit beträgt drei bis vier Stunden.

www.wien.at/umwelt/wald/freizeit/wandern/wege/wanderweg1a.html

DIE BESTEN BERGERLEBNISSE

Wiens Bergwelt hat erstaunlich viel zu bieten, und zwar erstaunlich viel Überraschendes: Hier kann gerodelt und gebadet werden, geheiratet und gestaunt – sieben Berge mit erhebendem Angebot.

KALTBRÜNDLBERG

508 Meter hoch, der Gipfel 500 Meter breit, darauf die Hubertuswarte: Wer die 122 Stufen bewältigt, darf sich über einen Rundumblick freuen.

JUBILÄUMSWARTE

449 Meter hoch, Aussichtswarte auf dem Gallitzinberg. An besonders klaren Tagen lassen sich von hier aus noch die Weißen Karpaten an der tschechisch-slowakischen Grenze erkennen.

HOHE WAND

449 Meter hoch, wirbt mit dem selbstbewussten Namen „High Hills". Im Winter kann hier Ski gefahren werden, im Sommer gibt es eine beeindruckende Rodelbahn.

SCHAFBERG

390 Meter hoch; Berg mit überaus beliebtem Bad, dem Schafbergbad, das dank seiner exponierten Lage ähnlich wie das Döblinger Krapfenwaldlbad über eine wunderbare Aussicht verfügt. Auch sehenswert: die dem Märtyrer Thomas Morus geweihte Schafbergkirche.

BELVEDERE

196 Meter hoch, als Berg praktisch kaum zu erkennen, bietet aber mit seinem barocken Ensemble erhebenden Kunstgenuss – sowohl im Park als auch im Museum.

HAMEAU

464 Meter hoch. Wer heute hierherkommt, muss seine Fantasie spielen lassen. Ende des 18. Jahrhunderts ließ der österreichische Feldherr Franz Moritz von Lacy (1725–1801) hier das „Holländerdörfl" bauen; deshalb so genannt, weil vor jeder Hütte nach holländischem Vorbild ein Baum gepflanzt wurde.

LATISBERG

492 Meter hoch, besser bekannt als Cobenzl. Wer hier seine Hochzeit feiert, darf dies in der Gewissheit tun, dass schon Mozart seine Freude an diesem Domizil hatte.

DER GRÖSSTE FRIEDHOF

2,5 Millionen Quadratmeter ist der Zentralfriedhof groß und beherbergt 330.000 Grabstellen. Trotzdem ist der größte Friedhof Wiens und zweitgrößte Europas nicht nur ein Ort der Trauer. Die riesige Parklandschaft macht den Zentralfriedhof zu einem Ort der Erholung und Besinnung.

Der Wiener Zentralfriedhof in Simmering ist eine einzigartige Welt. Dieses riesige Gebiet, nach dem Friedhof von Hamburg der zweitgrößte Europas und größte Österreichs, ist nicht nur letzte Ruhestätte für geschätzte drei Millionen Menschen aller Religionen, sondern auch ein besonderer Platz des Verweilens, der Erholung, des Meditierens und des Nachdenkens – kein Wunder in einer Stadt, deren Bewohnern man eine besondere Nähe zum Tod nachsagt. Es kann auch kein Zufall sein, dass Sigmund Freud gerade in Wien den Todestrieb entdeckte.
Aber fernab der Hektik der Metropole ist der Friedhof ein Naturrefugium nicht zuletzt für viele Tiere – vom Reh bis zum Dachs – und unzählige geschützte Pflanzenarten.

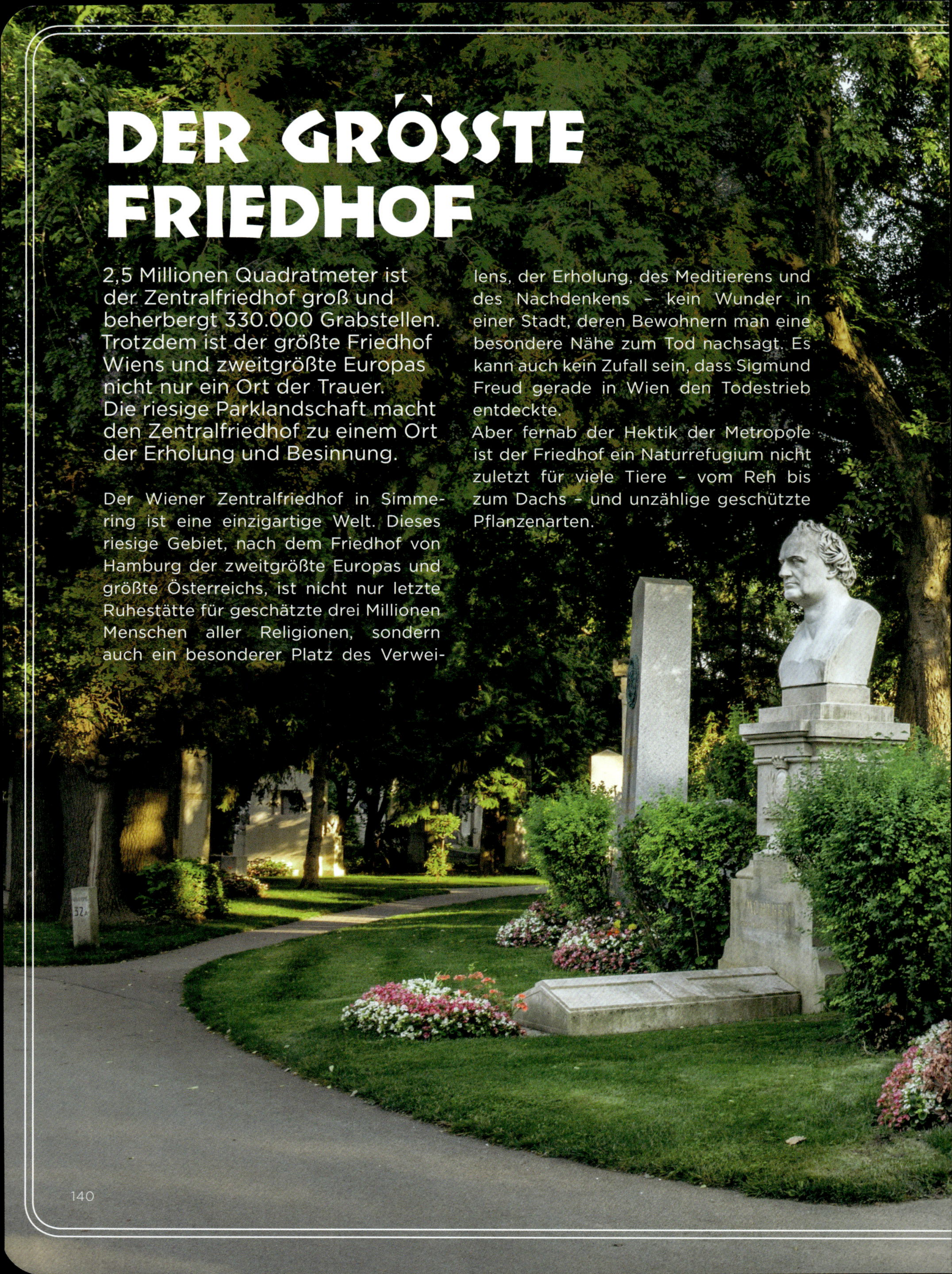

TIPP!

TOUR DURCH DIE TOTENWELT

Auf dem Wiener Zentralfriedhof werden in den Monaten April, Mai, Juni, September und Oktober spezielle Führungen angeboten. Gezeigt werden dabei natürlich die Ehrengräber, die ungeheuer beeindruckende Friedhofskirche zum Heiligen Karl Borromäus mit ihrem unvergleichlichen Sternenhimmel und die davor gelegene Bundespräsidentengruft. Die Führungen dauern ungefähr zwei Stunden.

Anmeldung:
zentralfriedhof@friedhoefewien.at

DAS BESTATTUNGSMUSEUM

Unter der historischen Aufbahrungshalle 2 auf dem Zentralfriedhof wurde im Oktober 2014 nach knapp zehnmonatiger Bauzeit das Bestattungsmuseum eröffnet. Dort werden die Besucher durch das Wiener Trauerzeremoniell, das Bestattungswesen, aber auch durch die Geschichte der Wiener Friedhöfe und die Eigenheiten des „Wiener Totenkults" geführt – vom Ende des 18. Jahrhunderts bis in die Gegenwart. Gezeigt werden unter anderem Filmausschnitte von neu entdecktem und restauriertem Material vom Begräbnis Franz Josephs.

DIE SCHÖNSTE LEICH

„Der Tod ist wahrlich kein Vergnügen, schließlich kost' er das Leben", weiß der Volksmund. Aber wenn schon das Sterben kein Spaß ist, soll wenigstens der Weg zur ewigen Ruh unvergesslich bleiben.

Die „schöne Leich", Synonym für mondäne Begräbnisse der wohlhabenden Bürgerschicht seit Mitte des 19. Jahrhunderts, ist als theatralische Todeskompensation mit Eventcharakter zu verstehen. Orientiert am Prunk barocker Adelsbegräbnisse mit „spanischem Hofzeremoniell, versuchte man ihre Inszenierungen zu imitieren oder gar zu übertreffen: Es gab Prachtleichenkondukte mit Herold, berittenen Banner- und Laternenträgern, Prachtglasleichenwägen, die von bis zu acht Rappen gezogen wurden, Lampion- und Fackelträger in prächtigsten Uniformen. Heute ist der aufwendige Pomp von damals verschwunden, dennoch liebt man es in Wien noch immer, vornehm begraben zu werden. Vor allem Beisetzungen von Prominenten werden immer noch als „finale Show" inszeniert, wie zum Beispiel das Nachtbegräbnis des „barocken" Curd Jürgens, die Rock-Beisetzung des exaltierten Falco oder das Jazz-Begräbnis des Klarinettisten Fatty George.

35A

DER WALDFRIEDHOF

Jeder der bis zu 60 Jahre alten Bäume, meist Ahorn oder Esche, bildet das Zentrum von zwölf kreisförmig um ihn angeordneten Gräbern – ein ganz besonderer Ort.

FRIEDHOF FÜR ALLE

Der Wiener Zentralfriedhof ist ein Friedhof für viele Religionen. Hier gibt es eine Gruftkapelle für Russisch-Orthodoxe, einen alten und einen neuen jüdischen Friedhof, die bescheidenen Gräber der Moslems und den ersten buddhistischen Friedhof Europas. Ja, der Tod macht uns halt doch alle gleich.

STIMMIGSTER FRIEDHOFSSONG

Ein Lied, das einen Friedhof hochleben lässt? Das ist wohl wirklich nur in Wien möglich. 40 Jahre ist Wolfgang Ambros' Evergreen „Es lebe der Zentralfriedhof" mittlerweile alt, längst gilt das Lied als Klassiker: „Am Zentralfriedhof is Stimmung wia's sei Lebtoch no net wor ..."

UNTERHALTSAMSTE TRAUERHITS

Wer glaubt, dass auf Wiens größtem Friedhof nur geweint wird, irrt. Im Gegenteil: Besonders unterhaltsam ist das Open-Air-Konzert, bei dem auf dem Zentralfriedhof ein Mal im Jahr Trauerhits zum Besten gegeben werden, unter anderem von seit Jahren auftretenden Wiener Friedhofssängern.

HÄRTESTES „ÜBERLEBEN"

Eine im wahrsten Sinn des Wortes extrem harte Form der letzten Ruhe. Bei der Diamantbestattung wird aus einem Teil der Asche des Verstorbenen in einem besonderen Verfahren ein Edelstein. Der Rohdiamant wird schlussendlich in Handarbeit geschliffen und poliert – und kann in einen Ring gefasst zum steten Begleiter werden.

STRAHLENDSTER STERNENHIMMEL

Die Friedhofskirche zum Heiligen Karl Borromäus gilt als einzigartiges Jugendstiljuwel. Besonders beeindruckend ist der leuchtende Sternenhimmel in der Kuppel. Dieses Mosaik besteht aus rund 21.000 Einzelteilen, die zu einem goldenen Strahlenkranz mit 999 Sternen auf blauem Grund zusammengefügt wurden.

PROMINENTESTE NACHBARN

Ein Unternehmer aus Japan erwarb auf dem Zentralfriedhof 300 Urnenplätze für Landsleute. Eine jenseitige Idee? Keineswegs. Denn ganz in der Nähe sind berühmte Musiker wie Beethoven, Brahms und Strauss bestattet – für viele musikaffine Japaner eine wünschenswerte Nachbarschaft.

GRÖSSTE ANGST

Im 19. Jahrhundert ging die Angst um, lebendig begraben zu werden, weshalb die seltsamsten Apparaturen entwickelt wurden, um das zu verhindern. Der Rettungswecker schlug dann an, wenn der aufgebahrte, aber nur vermeintlich Verstorbene an einem Seil zog, das an seiner Hand befestigt war.

FREUNDLICHSTER ANBLICK

Der Thanatopraxie-Raum der Bestattung Wien befindet sich in einem Keller auf dem Wiener Zentralfriedhof. Dort werden Tote konserviert und optisch restauriert. Thanatopraktiker Andreas Pollassek sagt: „Unser Ziel ist, dass der Verstorbene so aussieht, als würde er schlafen."

SÜSSESTER TOD

Bäume, Sträucher und Blumen – der Naturgarten des Wiener Zentralfriedhofs erwies sich als perfekter Lebensraum für bedrohte Bienen. Deshalb gibt es seit 2014 am Infopoint „Friedhofshonig" zu kaufen. In diesem ersten Jahr wurden übrigens 80 Kilogramm Honig geerntet.

DIE AUFFÄLLIGSTEN GRÄBER

Das Grabmal von Udo Jürgens, Falcos letzte Ruhestätte und der Würfel, das Grab von Adolf Loos

DIE EHRENGRÄBER

Ein pompöser Marmorflügel für Udo Jürgens, ein weißer Würfel für Adolf Loos oder die prunkvolle Grabstätte des Erbauers der Semmeringbahn, Carl Ritter von Ghega: Die Ehrengräber auf dem Wiener Zentralfriedhof sind so unterschiedlich wie die Menschen, die hier ihre letzte Ruhe gefunden haben. Die Inschriften sind meist Manifestationen für das Leben nach dem Tod, manchmal auch nur späte Wünsche oder unerfüllte Hoffnungen.

Bei Antonio Salieri, der als ewiger Rivale Mozarts in die Geschichte einging, ist zu lesen: „Er sprach sich aus in zaubervollen Tönen. Jetzt schwebt er hin zum unvergänglich Schönen."

Im Ehrenhain Kulturschaffender (Gruppe 40) ruhen unter anderen Falco (Nr. 64), Fatty George (Nr. 147) und der Fußballer Ernst Ocwirk (Nr. 136). Selbst im Tod zeigen sie Individualität: Fatty George bläst die Klarinette, mit Mascherl und weißem Stecktuch, so wie man ihn in Erinnerung hat. Falco posiert und vor Ocwirks Grabstein liegt ein Ball, mit dem man nur allzu gerne gaberln möchte.

Carl Ritter von Ghegas bombastisches Grabmal

ONLINE KONDOLIEREN

Es ist längst nicht mehr ungewöhnlich, online zu kondolieren. Wer im Bestattungskalender auf das Symbol für das Kondolenzbuch klickt, wird automatisch weitergeleitet. Die Parte kann auch über Facebook, Google+ und Twitter geteilt werden.

TIPP!

TOTENWELT IM NETZ

Auch die Welt der Wiener Friedhöfe findet sich umfassend im Internet wieder. Dort kann man sich nicht nur auf Verstorbenensuche machen und ein bestimmtes Grab schnellstens finden, sondern erfährt alles über die Friedhöfe der Stadt mit ihren Gärtnerei- und Steinmetzbetrieben, über die Ehrengräber und Persönlichkeiten, die dort ihre letzte Ruhestätte gefunden haben, und vieles mehr.

www.friedhoefewien.at

DER TIERFRIEDHOF

„Wer uns im Leben so viel gegeben hat, verdient ein ehrendes Andenken", heißt es. In diesem Fall sind allerdings nicht wir Menschen gemeint, sondern unsere Haustiere.

Für sie gibt es ebenso wie für die Zweibeiner Särge oder Urnen, sorgfältig gestaltete Gräber und eine entsprechende Grabpflege. Der Tierfriedhof befindet sich gegenüber vom Zentralfriedhof.

www.tfwien.at

DER JÜDISCHE FRIEDHOF

Ein Ort der Ruhe ist der alte jüdische Friedhof. Efeu klettert selbst an den imposantesten Grabstätten bis auf höchste Türmchen. Auf den schmalen Wegen, die durch den 260.000 Quadratmeter großen Friedhof führen, picken Fasane gelassen dahinstolzierend nach ihrem Futter.

Ein jüdischer Friedhof ist aber mehr als ein Ort der Ruhe, er ist ein Ort der „ewigen Ruhe". Ein Ort, an dem die Toten unangetastet bleiben, bis nach jüdischem Glauben der Messias kommt. 60.000 Gräber gibt es auf dem alten jüdischen Friedhof. Mit 250.000 Quadratmetern ist der neue jüdische Friedhof etwa gleich groß.

FRIEDHÖFE IN WIEN

Ein Führer zu schaurig-schönen Orten & Inseln der Ruhe. Autorin Kerstin Scherabon verfasste eine grandiose Kulturgeschichte der Wiener Friedhöfe (und zwar aller 52 in Betrieb befindlichen, stillgelegten und ehemaligen).

Metroverlag, 128 Seiten, 16,90 Euro

DIE BEDEUTENDSTE THEATERBÜHNE

Das Burgtheater ist das größte Sprechtheater Europas – seine faszinierende Geschichte begann am 14. März 1741, als Kaiserin Maria Theresia die Erlaubnis erteilte, ein ehemaliges Ballhaus in ein Theater umzugestalten.

Tatsächlich wurde im Ballhaus Ball gespielt – und zwar Jeu de Paume, ein seit dem Mittelalter bekanntes Spiel, das als Vorläufer des heutigen Tennis gilt. Eröffnet wurde das neu gestaltete „Theater nächst der Burg" im Jahr 1748. Es fasste rund 1.200 Gäste. Besonders angenehm für die kaiserliche Familie: Sie konnte ihre Loge direkt von ihren Gemächern aus erreichen. 1776 erklärte Kaiser Joseph II. das Haus zum „Teutschen Nationaltheater" und verbot per Dekret Stücke mit traurigen Ereignissen – sogar „Romeo und Julia" und „Hamlet" mussten geändert werden, um dem Monarchen nicht die Laune zu verderben. Die letzte Vorstellung wurde am 12. Oktober 1888 gespielt. Das Ensemble des Burgtheaters übersiedelte in die neue Spielstätte am Ring, das zwei Tage später mit Grillparzers „Esther" und Schillers „Wallensteins Lager" eröffnet wurde. Im Zweiten Weltkrieg brannte das Haus nach Bombenangriffen völlig aus, zehn Jahre lang diente das Ronacher als Ausweichquartier. Am 14. Oktober 1955 wurde „die Burg", wie das Theater im Volksmund gerne genannt wird, wiedereröffnet. Die erste Aufführung war

„König Ottokars Glück und Ende" von Franz Grillparzer – aus Platzgründen eine Doppelpremiere. Bis heute gilt die „Burg" als eine der bedeutendsten deutschsprachigen Bühnen – in der Saison 2014/2015 wurde sie zum Theater des Jahres gewählt. Zu den Ensemble-Mitgliedern und Gästen zählen Stars wie Klaus Maria Brandauer, Nicholas Ofczarek, Joachim Meyerhoff, Kirsten Dene, Petra Morzé und Birgit Minichmayr.

TIPP

DIE APP FÜR DIE BURG

Die wichtigsten Informationen möglichst schnell zugänglich gemacht – für „die Burg" gibt es jetzt auch eine App. Kostenlos erhältlich im App Store für iPhone und bei Google Play für Android. Die Informationen sind äußerst umfangreich. Es gibt einen Spielplan mit detaillierten Angaben zu den jeweiligen Stücken, alles über Ensemble-Mitglieder und Gäste sowie Trailer zu einzelnen Aufführungen.

FREUNDE DER BURG

Aus Anlass der Wiedereröffnung des Burgtheaters wurde 1955 die „Gesellschaft der Freunde des Burgtheaters" als Verein gegründet. Zu den Gründungsmitgliedern zählen auch der Schriftsteller Friedrich Heer und der Architekt Clemens Holzmeister. „Die Pflege des klassischen Schauspiels und der hohen Schauspielkunst liegt uns ebenso am Herzen wie zeitgemäßes Theater, denn nur lebendiges Theater kann die Menschen erreichen."

www.burgtheaterfreunde.at

DIE THEATRALISCHSTE ZEITREISE

Das Theatersmuseum im Palais Lobkowitz ist Heimat einer der weltweit größten Sammlungen faszinierender Bühnenkunst.

Wer einen Gang durch die Geschichte des Theaters in Wien antreten will, ist in diesem Museum genau richtig. Zum beeindruckenden Bestand zählen fast 1.000 Bühnenmodelle, 600 Kostüme und Requisiten aus drei Jahrhunderten, mehr als 100.000 Zeichnungen und 700.000 Theaterfotos. Zu den ungewöhnlichsten Schätzen gehören die revolutionären Figuren des Puppenspielers Richard Teschner (1879–1948). Die zauberhaften, gebrechlichen Stabfiguren bedürfen äußerst zeitaufwendiger restauratorischer Betreuung. Mit einer Puppen-Patenschaft ist es möglich, die Bemühungen zu unterstützen. Zu den weiteren Highlights der Sammlung zählen originale Bühnenbildmodelle aus dem 18. Jahrhundert von Lorenzo Sacchetti, ein Kostüm, das Adele Sandrock in „Der Widerspenstigen Zähmung" getragen hat und Fotos von Hugo Thimig, Gustav Mahler oder Tilla Durieux.

Links: 49 Zentimeter hoher Kavalier: eine der faszinierenden Stabpuppen von Richard Teschner
Ganz links: Hündchen-Stabpuppe, ebenfalls von Teschner

Komponist, Dirigent, Operndirektor: Gustav Mahler auf einem Foto von Moriz Nähr aus dem Jahr 1907

Adele Sandrock trug dieses mit Pailetten und Kunststoffperlen bestickte Kleid in „Der Widerspenstigen Zähmung".

Bühnenbildmodell für „Die gefesselte Fantasie" aus Holz und Papier

Seine Sammlung bildet den Grundstock des Theatermuseums: Hugo Thimig auf einer Fotografie von Trude Fleischmann, um 1920

Zipizip heißt diese Stabpuppe von Richard Teschner.

DIE WICHTIGSTEN BÜHNEN

In Wien gibt es viele Bretter, die die Welt bedeuten. Diese Bühnen und ihre Stars machen den internationalen Ruf Wiens als Kulturmetropole maßgeblich aus. Speziell beim Musical ist die Stadt eine Großmacht in Mitteleuropa.

Die acht großen Bühnen, die hier vorgestellt werden, sind längst weit über die Grenzen des Landes hinaus bekannt – als bedeutende Spielstätten einer Theatermetropole. Darüber hinaus gibt es eine Vielzahl kleinerer und kleinster Bühnen, wo allerdings mit ebenso großer Leidenschaft Theater gelebt wird wie in den großen Häusern.

VOLKSTHEATER

Einst als „bürgerliches Gegenstück" zum Burgtheater gedacht; Eröffnung 1889; mit 970 Sitzplätzen eines der größten Theater im deutschsprachigen Raum. Punktet mit Austro-Autoren und internationalen Klassikern.

STAATSOPER

1869 mit „Don Giovanni" von Wolfgang Amadeus Mozart eröffnet; heute eines der wichtigsten Opernhäuser weltweit; verfügt über das international größte Repertoire.

RONACHER

1872 gegründet, bald darauf abgebrannt, 1886 von Anton Ronacher wieder aufgebaut; hier stand schon die legendäre Josephine Baker auf der Bühne; danach zunehmend in Vergessenheit geraten, mit „Cats" zu neuem Leben erweckt.

VOLKSOPER

Als „Kaiser-Jubiläums-Stadttheater" 1898 eröffnet; ursprünglich ausschließlich ein Sprechtheater, heute geprägt von besonderer Vielfalt: Oper, Operette, Musical und Tanz – hier hat alles Platz.

THEATER AN DER WIEN

Traditionsreiches Theater an der Linken Wienzeile; 1801 eröffnet, 1983 begann die höchst erfolgreiche Musicalära, die am 4. Dezember 2005 mit der letzten Aufführung von „Elisabeth“ endete; wird seit 2006 erfolgreich als „Das neue Opernhaus“ geführt.

THEATER IN DER JOSEFSTADT

Das älteste noch bestehende, ständig bespielte Theater Wiens; 1788 eröffnet, Johann Nestroy debütierte hier als Schauspieler; modernes Theater mit beeindruckendem Ensemble.

RAIMUND THEATER

Lange Zeit Stammhaus für publikumswirksame Operetten, heute mit dem Ronacher wichtigste Musicalbühne Wiens. Der Siegeszug begann mit der Generalsanierung Mitte der 1980er-Jahre.

AKADEMIETHEATER

Zweite Spielstätte des Burgtheaters – und das seit 1922, acht Jahre zuvor wurde es eröffnet. Große Regisseure wie George Tabori, Peter Zadek oder Luc Bondy feierten hier ihre wichtigsten Erfolge.

DER GRÖSSTE SPASS

Der Prater ist ein funkelndes, flirrendes, lautstarkes Mekka der Unterhaltung und gleichzeitig eine entspannte, beschauliche, stille Oase der Erholung.

Liliputbahn und Riesenrad – es ist eine Welt der Extreme, die der Prater seinen Besuchern bietet. Mehr als 250 Attraktionen sorgen für beste Unterhaltung. Und wer mit dem Riesenrad fährt und aus 64,75 Metern Höhe den Blick auf die Stadt genießt, versteht, warum der Prater jedes Jahr Millionen von Menschen in seinen Bann zieht. Die Geschichte des Praters (von lat. Pratum - Wiese) geht bis in das 12. Jahrhundert zurück. Lange war er allerdings dem Adel für seine Jagdausflüge vorbehalten, erst Kaiser Joseph II. gab das Gebiet 1766 zur allgemeinen Nutzung frei.

Ende des 18. Jahrhunderts gab es bereits zahlreiche Festplätze. Als Sensation galten die Abnormitätenshows, bei denen Liliputaner, Haarmenschen und siamesische Zwillinge zu sehen waren. 1844 gründete der aus Triest stammende Basilio Calafati das erste Eisenbahnkarussell und stellte zehn Jahre später den „großen Chineser“ auf. Noch heute ist die neun Meter hohe Figur eines der Wahrzeichen des Praters, neben dem weltberühmten Riesenrad, das es seit 1897 gibt. Was den Prater so einzigartig macht: Er verändert sich ständig, passt sich den Trends der Zeit an, bleibt doch sich selbst und seinen Traditionen treu.

TIPP

DAS GRÖSSTE VOLKSFEST

In nur wenigen Jahren hat sich die „Wiener Wies'n" auf der Kaiserwiese im Prater zum größten Volksfest Österreichs entwickelt. Brauchtum, Handwerk, herzhafte Schmankerln und Livemusik in den Zelten bestimmen einige Tage lang das große Festgelände. Partystimmung mit Dirndl und Lederhose ist garantiert.

www.wienerwiesnfest.at

TIPP

PRATER-APP

Alle Informationen über den größten Freizeit- und Familienpark Österreichs in einer App vereint. Gibt es für iOS und Android als Gratis-Download.

DIE GRÜNE LUNGE

Der Prater ist nicht nur ein Vergnügungspark, er gilt überhaupt als einer der schönsten Parks der Welt.

Für die Wiener ist der Prater eine sechs Millionen Quadratmeter große, grüne Lunge, perfekt für Jogging-, Rad- und Skating-Touren. 4,5 Kilometer ist die „Schlagader“ des grünen Praters, die Hauptallee, lang. Gesäumt wird sie von 2.500 Bäumen. Die Hauptallee führt vom Praterstern schnurgerade zum Lusthaus. Ursprünglich diente sie als direkte Verbindung zwischen dem Augarten und dem Jagdgebiet des Hofes. Heute ist sie als berühmt-berüchtigte „Durststrecke“ Teil des Vienna Marathon. Abseits der Allee: Wiesen, Wälder, ehemalige Donauarme, perfekt für Spaziergänge und Wanderungen, Bootsfahrten können auf dem Heustadlwasser unternommen werden.

TIPP

DIE LUSTIGSTE VERGANGENHEIT

Wer mehr über die historische Entwicklung des Vergnügungsparks wissen möchte, darf sich das Pratermuseum in unmittelbarer Nähe des Riesenrads nicht entgehen lassen. Der Wiener Heimatforscher Hans Pemmer hat Erinnerungsstücke wie Ankündigungen, Plakate, Fotos, Schilder und Ringelspielfiguren zusammengetragen, die hier gezeigt werden.

www.wienmuseum.at/de/standorte/pratermuseum

TIPP

DAS GESÜNDESTE KENNENLERNEN

13 Kilometer ist der Stadtwanderweg 9 lang, der vom Praterstern bis in die Freudenau (und wieder retour) führt; mit Sicherheit eine der besten Varianten, die ganze Vielfalt dieses Naherholungsgebietes kennenzulernen. Nah ist es tatsächlich – der Prater liegt nur drei Kilometer vom Stephansdom entfernt.

www.wien.at/umwelt/wald/freizeit/wandern/wege/wanderweg9.html

TIPP

DIE LEUCHTENDSTEN STERNE

Mit modernster Projektionstechnologie wird der Sternenhimmel in einer speziellen Show an der großen Kuppel des Planetariums nachgebildet – tatsächlich ist die Reise durchs Universum ein einmaliges Erlebnis. Bei Schönwetter kann der Himmel mit mobilen Teleskopen vor dem Planetarium beobachtet werden.

www.prater.at/planetarium

DER WILDE OCTOPUS

Katapultiert seine Passagiere in 18 Meter Höhe.

DARKRIDE INSIDER

Indoor-Achterbahn für den absoluten Adrenalinkick.

LASERSPY

Das Ziel ist, möglichst schnell einen Laser-Parcours zu durchqueren.

EISBERG

Interaktive Fahrt zu Eisbären, Pinguinen & Co.

FLYBOARD

Fluganimation, die in der Kanalisation startet, durch enge Gassen führt und schließlich einen Blick auf die Stadt aus der Vogelperspektive freigibt.

DIE AUFREGENDSTEN ATTRAKTIONEN

Wenn das Adrenalin den Körper beben lässt, wenn die Spannung unerträglich erscheint, wenn virtuelle Welten ganz real zu sein scheinen, dann genießt man eine der vielen aufregenden Attraktionen des Wiener Praters.

SKY DIVING

Europas größter Windtunnel – Flugerlebnis mit der Kraft des Windes.

DISCOVERY REVOLUTION

Spektakuläre Action für hartgesottene Schaukelfreaks.

DIE KLEINSTE REPUBLIK

Ein mit Stacheldraht umzäuntes Grundstück im Wiener Prater ist die kleinste – allerdings nicht anerkannte – Republik der Welt: Kugelmugel. Es handelt sich dabei tatsächlich um eine Kugel mit einem Durchmesser von acht Metern, die der Künstler Edwin Lipburger errichtet hat.

www.republik-kugelmugel.com

DIE GRÖSSTE DISCOTHEK

Der Praterdome ist die größte Discothek Österreichs – zwei Ebenen, vier Tanzflächen, zwölf Themenbars und Musik aus den unterschiedlichsten Genres. Spektakulär das Mitternachts-Opening, bei dem sich zwei Tanzflächen in einen einzigartigen Tanzpalast verwandeln.

DIE WITZIGSTE ALTERNATIVE

Der Böhmische Prater ist der kleine Bruder des großen Praters. Der 5.000 Quadratmeter große Vergnügungspark ist ein beliebtes Ausflugsziel für Familien. Viele Attraktionen sind bis zu 100 Jahre alt – in manchen Momenten scheint die Zeit stillzustehen. Das „Riesenrad“ ist hier nur 21,5 Meter hoch, aber trotzdem etwas ganz Besonderes: Als erstes Riesenrad der Welt wurde es mit nur einem Masten aufgebaut.

WIENER RIESENRAD

1897 zum 50-jährigen Thronjubiläum von Kaiser Franz Joseph errichtet, heute Wahrzeichen von Wien.

PRATER TURM

Mit seinen 117 Metern das höchste Kettenkarussell Österreichs.

DIE SCHWARZE MAMBA

Wirbelt die Fahrgäste mit 80 Kilometern pro Stunde durch die Luft.

DAS LEGENDÄRSTE WIRTSHAUS

Wer den Prater besucht, darf sich das längst legendäre Schweizerhaus nicht entgehen lassen. Nirgendwo munden Budweiser-Bier und Stelze so gut wie hier. Als „Schweizer Hütte“ wird es 1766 erstmals erwähnt. Karl Kolarik, Vater der heutigen Inhaber, übernahm es 1920 im Alter von erst 19 Jahren. Er machte es, trotz völliger Zerstörung im Zweiten Weltkrieg, spätestens in den 1960er-Jahren zu einer Wiener Institution.

© Privat

DR. WOLFGANG WIESER
Autor und Journalist
Geboren 1963 in Wien

Schon als Zwölfjähriger wollte er nur eines: Reporter sein. Er studierte Publizistik und Politikwissenschaft an der Universität Wien und startete nahezu gleichzeitig seine journalistischen Tätigkeiten. Heute ist Wolfgang Wieser Chefredakteur des Magazins WIENER.

Buchpublikation: „Das Wiener Rathaus. Geschichte & Gesellschaft, Architektur & Anekdoten", Bohmann-Verlag 2011

IMPRESSUM

Gedruckt in Österreich

Projektleitung: Mag. Helmut Widmann
Text: Dr. Wolfgang Wieser
Art-Direktion: Mag. Marion Karasek
Grafik: Peter Klein
Fotoredaktion: Joëlle Berndl-Bullens, Ingrid Fankhauser, Lisa Gastager, Kathrin Ludwig
Fotos: Adria Wien: Seite 89, Albertina, Wien: Seite 10, Alex Horn Nussbaumer: Seite 66, Alexander Ch. Wulz: Seite 10, Andrew Rinkhy: Seite 19, 36, Archiv: Seite 155, Austria Trend Hotels: Seite 31, Badeschiff: Seite 89, Barbara Krafft/gemeinfrei (Public domain) via Wikimedia Commons: Seite 108, Belvedere, Wien: Cover; Seite 6, 8/9, 13, 30, 107, Bohmann/Katrin Bruder: Seite 82, Bohmann/Michael Rausch-Schott: Seite 59, Business Park Vienna/Luftbildprofis: Seite 22, By Ádám Mányoki/gemeinfrei (Public domain) via Wikimedia Commons: Seite 108, By C. Brasch, Berlin/gemeinfrei (Public domain) via Wikimedia Commons: Seite 108, Café Central im Palais Ferstel, Wien: Seite 65, Café Griensteidl: Seite 65, Carl Gruber: Seite 132 (2), CC BY 3.0/GuentherZ: Seite 139, CC BY-SA 2.0 DE/André Schütte: Seite 71, CC BY-SA 2.5/Artevent: Seite 61, CC BY-SA 2.5/Kai Brinker (Newkai): Seite 138, CC BY-SA 3.0 AT/Bwag: Seite 23, CC BY-SA 3.0 AT/Heinz Titz: Seite 31, CC BY-SA 3.0 AT/Josef Schwarzinger: Seite 70, CC BY-SA 3.0/BS Thurner Hof: Seite 71, CC BY-SA 3.0/Bujacca: Seite 70, CC BY-SA 3.0/Darkweasel94: Seite 31, CC BY-SA 3.0/GFDL/Björn Schulz: Seite 71, CC BY-SA 3.0/Gryffindor: Seite 31, CC BY-SA 3.0/Isiwal: Seite 95, CC BY-SA 3.0/Manfred Werner: Seite 11, CC BY-SA 3.0/Reinraum: Seite 131, CC BY-SA 3.0/Rufus46: Seite 71, CC BY-SA 3.0/Serge Serebro, Vitebsk Popular News: Seite 70, CC BY-SA 3.0/Thomas Ledl: Seite 30, CC BY-SA 3.0/Zenit: Seite 60, CC BY-SA 4.0/Hubertl: Seite 6, 14/15, CC BY-SA 4.0/Sniper Zeta: Seite 65, CC BY-SA 4.0/Takeaway: Seite 49, CC-BY-SA-3.0/Erling Mandelmann: Seite 108, Christian Edler: Seite 79, Christoph Sebastian: Seite 150, Corbis: Seite 7, 19, 25, 42/43, 110/111, 133, David M. Peters: Seite 79 (2), Dieter Nagl: Seite 78 (4), Dimo Dimov/Volksoper Wien: Seite 150, Drittes Mann Museum/Third Man Museum: Seite 12 (3), E. Bieber/Gemeinfrei (Public domain) via Wikimedia Commons: Seite 108, Eis Greissler: Seite 112, Eissalon am Schwedenplatz GmbH: Seite 113, Eissalon Tuchlauben: Seite 112, Elfie Semotan: Seite 7, 128/129, FEMME MAISON Vienna/by FRANZISKA FÜRPASS & SIA ALI-POUR-KERMANI: Seite 133, Ferry Bératon/gemeinfrei (Public domain) via Wikimedia Commons: Seite 108, Figlmüller/shm: Seite 6, 44/45, Florian Rainer: Seite 13, Fotoschuster: Seite 65, © Franz J. Hubmann, Friedrich Achleitner, H.C. Artmann, Konrad Bayer, Gerhard Rühm, Oswald Wiener/Photo: mumok: Seite 11, Franz Xaver Winterhalter (Public domain) via Wikimedia Commons: Seite 73, Friedhöfe Wien: Seite 144/145 (5), Gabriela Brandenstein: Seite 66, Georg Soulek: Seite 151 (2), Gerald Zugmann/MAK: Seite 30, Gourmet: Seite 65, IMAGNO Austrian Archives/Votava: Seite 109, IMAGNO/Austrian Archives: Seite 42/43 (3), Josef Anton TrÐka/gemeinfrei (Public domain) via Wikimedia Commons: Seite 108, Julia Wesely: Seite 79, Karl-Renner-Institut/Angelika Zach: Seite 31, KHM-Museumsverband: Seite 11, 148/149 (7), Konrad Limbeck: Seite 66, Lena Hoschek: Seite 133, Leopold Museum, Wien: Seite 10, Leopold Museum, Wien/Frank Michael Von Zur Gathen: Seite 10, Lind: Seite 85, Lithographie von Adolf Dauthage, 1855, Foto: Peter Geymayer: Seite 50, Lukas Beck: Seite 60/61 (2), Luzia Ellert: Seite 46/47 (5), 48/49 (4), 63, M. Milde: Seite 113, MA 34/Fuchs: Seite 13, MA 44: Seite 124, Marcus Kaar: Seite 89, Margherita Spiluttini, © Architekturzentrum Wien, Sammlung: Seite 94/95 (2), Margherita Spiluttini/MAK: Seite 13, Moritz Schell: Seite 151, Motto am Fluss: Seite 88, mumok: Seite 11, MuseumsQuartier/Foto: Hertha Hurnaus: Seite 7, 86/87, Musikverein: Seite 76/77 (5), 79, Neznámí/gemeinfrei (Public domain) via Wikimedia Commons: Seite 58, NHM-Wien/Alice Schumacher: Seite 11, NHM-Wien/Kurt Kracher: Seite 11, 13, Nikolaus Similache: Seite 102/103 (4), Otto Mayer/gemeinfrei (Public domain) via Wikimedia Commons: Seite 108, Peter Gugerell/gemeinfrei (Public domain) via Wikimedia Commons: Seite 31, 82/83 (2), 139, Planetarium Wien: Seite 153, Prater Wien GmbH: Seite 154 (2), (Public domain) via Wikimedia Commons: Seite 72, Radim Vrška: Cover (2); Seite 6 (4), 7 (8), 20/21, 22/23 (9), 24, 30, 50/51, 62/63, 68/69, 72/73 (4), 80/81, 82/83 (2), 90/91 (2), 92/93, 95, 98/99, 104/105, 106/107 (9), 109, 122/123, 124/125 (2), 127 (2), 134/135 (2), 140/141, 150/151, 152/153 (7), 154/155 (10), Rani Bageria: Seite 133, Schweizerhaus: Seite 155, Shoji Fujii: Seite 133, SKYWARN Austria: Seite 55, Stefan Armbruster: Seite 133, summerstage: Seite 88, TARS631 (Attribution) via Wikimedia Commons: Seite 61, Tierfriedhof Wien: Seite 145, Unbekannt/gemeinfrei (Public domain) via Wikimedia Commons: Seite 58, Universität Wien: Seite 6, 38/39, 40/41, VBW/Rupert Steiner: Seite 150/151 (2), VCM/Rene Vidalli: Seite 153, Waschsalon/Markus Sibrawa: Seite 93, Wien Museum/Christa Losta: Seite 130/131 (5), Wiener Schützenhaus: Seite 88, Wiener Staatsoper/Axel Zeininger: Seite 150, Wiener Wein: Seite 103, Wiener Wildnis: Seite 6, 32/33, 34/35 (9), Wolfgang Gaggl: Seite 59, Wolfgang Pohn: Seite 133,Wolfgang Simlinger: Seite 132 (2), www.foto-julius.at: Cover; Seite 6, 26/27, 28/29, 94/95 (3), www.highhills.at: Seite 138, www.picturedesk.com: Seite 6 (2), 7 (2), 12, 15, 16/17 (6), 18/19 (6), 36/37 (3), 43 (2), 52/53 (3), 54/55 (5), 56/57, 58/59 (3), 60 (3), 63, 64/65 (2), 74/75, 76/77, 83, 84/85 (3), 89, 112/113 (3), 116/117, 118/119 (6), 120/121, 124/125 (2), 126 (4), 133, 136/137, 138/139 (2), 146/147, www.weihnachtsmarkt.co.at/Gerhard Fally: Seite 85
Lektorat: Mag. Daniela Oberhuber
Produktion: Repromedia, A-1110 Wien
Druck: Wograndl, A-7210 Mattersburg
Verleger: Bohmann Druck & Verlag Gesellschaft m.b.H. & Co. KG, Leberstraße 122, A-1110 Wien, Telefon +43/1/740 32-0
ISBN: 978-3-99015-047-4
Für eine bessere Lesbarkeit wurde auf sämtliche geschlechtsspezifische Endungen verzichtet.

BOOK

PUBLIKATIONEN

SCHIELE BOOK

DER GENIALE MALER

Hochbegabt und früh vollendet, ein Provokant und Feindbild der Bourgeoisie. Das Werk über Egon Schiele, seine Kunst und seine Zeit.

Egon Schiele wurde nur 28 Jahre alt und gilt dennoch als bedeutendster Expressionist Österreichs. Er wurde von der Justiz verfolgt und gleichzeitig als genialer Zeichner und Maler gerühmt. Tod und Eros sind die Hauptthemen seines Werks, das bis heute heftig und kontrovers diskutiert wird. Schiele starb 1918 wenige Tage vor dem Untergang der Monarchie, und so ist dieses Buch mehr als die Biografie eines außergewöhnlichen Künstlers: Es erzählt auch vom Epochenwandel im Wien des frühen 20. Jahrhunderts.

Barbara Sternthal
SCHIELE BOOK –
Eros und Genialität
168 Seiten, Format: 186 x 241 mm,
zahlreiche Abbildungen

Bohmann-Verlag 2012
EUR 29,90
ISBN: 978-3-99015-041-2

KLIMT BOOK

DIE IKONE DES WANDELS

Die Geburt der Moderne begann mit Gustav Klimt und seiner Ära. Das Porträt des Ausnahmekünstlers und einer prägenden Epoche.

Kaum ein Name wird so sehr als Inbegriff der Lebenswelt im Wien der Wende vom 19. zum 20. Jahrhundert empfunden wie seiner: Gustav Klimt, begnadeter Zeichner und sensibler Maler der Frauen. Doch Klimt ist mehr: Der Ausnahmekünstler ist die Ikone des Wandels, des Aufbruchs in die Moderne. Der schillernde Kosmos der „fröhlichen Apokalypse“ des Wien um 1900 war seine Epoche – jene Ära, in der das Alte zu Grabe getragen und das Neue geboren wurde.

Barbara Sternthal
Klimt BOOK –
Die Geburt der Moderne
168 Seiten,
Format: 186 x 241 mm,
zahlreiche Abbildungen

Bohmann-Verlag 2012
EUR 29,90
ISBN: 978-3-99015-016-0

LOCATION BOOK

GENUSS, KULTUR UND LIFESTYLE IN WIENS GRÄTZLN

Trendig und vielfältig: So präsentieren sich die Wiener In-Viertel. Der Rundgang durch die Stadt mit jeder Menge Tipps für Flanierer und Einkehrer.

Was Wien zu bieten hat, bringen die zehn Grätzl Spittelberg, Schlossquadrat, Brunnenviertel, Naschmarkt, Donaukanal, Karmeliterviertel, Museumsviertel, Freihausviertel, Servitenviertel und Bermudadreieck auf den Punkt. Jedes hat seinen eigenen Charme und Charakter und wird aus der Sicht von Bewohnern und Besuchern, Prominenten und Platzhirschen porträtiert. Das Buch bietet einen informativen Spaziergang durch Wien, wie es nicht einmal die Wiener alltäglich erleben.

Martina Schettina/Lukas Beck/ Andreas Rampitsch
Location BOOK –
Genuss, Kultur & Lifestyle: Wiens Grätzl mit Prominenten entdeckt
168 Seiten, Format: 186 x 241 mm, zahlreiche Abbildungen und Kartenillustrationen

Bohmann-Verlag 2012
EUR 29,90
ISBN: 978-3-99015-021-4

RING BOOK

DER WIENER PRACHTBOULEVARD

Geschichte und Kultur der Wiener Ringstraße – das Geschenk der besonderen Art zum 150. Geburtstag der Prachtstraße.

Die Wiener Ringstraße ist das geschlossenste historische Ensemble der Welt, ein Prachtboulevard, ein Gesamtkunstwerk – und sie gilt bis heute als architektonische Manifestation des tief greifenden gesellschaftspolitischen Wandels im Wien der zweiten Hälfte des 19. Jahrhunderts. Das Buch erzählt vom Entstehen dieser „Hauptstraße Europas", von ihren berühmten Gebäuden, ihren Bauherren und Architekten, vom Festhalten an der Tradition und vom Aufbruch in die Moderne.

Barbara Sternthal
RING BOOK –
Wiens Prachtboulevard
als Gesamtkunstwerk
168 Seiten, Format: 186 x 241 mm,
zahlreiche Abbildungen

Bohmann-Verlag 2015
EUR 29,90
ISBN: 978-3-99015-045-0

PRATER BOOK

DAS WIENER VERGNÜGUNGSPARADIES

Vor 250 Jahren wurde ein Jagdrevier des Kaisers der breiten Öffentlichkeit zugänglich gemacht. Damit begann die bunte Geschichte des Wiener Praters.

Von der Vorgeschichte als Jagdrevier, von den prächtigen Praterfahrten des Adels und den volkstümlichen Attraktionen im Wurstelprater erzählt dieses Buch – mit kenntnisreichen Texten und vielen, teilweise bisher unveröffentlichten Bildern. Der Blick reicht bis in die Gegenwart, erfasst aktuell boomende Randgebiete, wie die Messe Wien oder den WU-Campus, und den Prater in seiner Rolle als grüne Freizeitoase. Das Jubiläumsbuch zeigt, wie sich der Prater verändert hat – und doch seine Einzigartigkeit bewahren konnte.

Bernhard Hachleitner
PRATER BOOK
168 Seiten, Format: 186 x 241 mm,
zahlreiche Abbildungen und
informativer Serviceteil

Bohmann-Verlag 2015
EUR 29,90
ISBN: 978-3-99015-049-8